Les sept laïcités françaises

Le modèle français de laïcité n'existe pas

Les sept laïcités françaises

Le modèle français de laïcité n'existe pas

Jean Baubérot

Éditions de la Maison des sciences de l'homme

La collection « interventions » est dirigée par
Michel Wieviorka et Julien Ténédos

La production scientifique peut contribuer à éclairer les préoccupations de nos concitoyens, les aider à s'orienter, répondre à leurs attentes intellectuelles, à leur curiosité. Ceci est particulièrement vrai s'il s'agit des sciences humaines et sociales. La collection « interventions » propose des ouvrages rigoureux, exigeants, reposant sur des connaissances sérieusement éprouvées. Des ouvrages, aussi, rédigés dans un langage accessible et soucieux, bien au-delà de la seule vulgarisation, de faire progresser le débat public.

Dans la même collection

– Michel Wieviorka, *Le Front national. Entre extrémisme, populisme et démocratie*, septembre 2013.
– Florence Burgat, *Ahimsa. Violence et non-violence envers les animaux en Inde*, février 2014.
– Farhad Khosrokhavar, *Radicalisation*, décembre 2014.

À paraître en 2015

– Nathalie Paton, *School Shooting. Individuation et globalisation par les médias participatifs*, mars 2015.
– Alexis Nouss, *La condition exilique. Penser les migrations contemporaines*, mai 2015.
– Céline Béraud et Philippe Portier, *Métamorphoses catholiques. Retour sur la mobilisation contre le mariage pour tous*, juin 2015.

Relecture : Yann Lézénes et Olivier Godefroy
Mise en page : Christophe Le Drean
Contact : julien.tenedos@rfiea.fr

Issn 2269-7144
Isbn 978-2-7351-1985-1

Avertissement

Cet ouvrage se trouvait déjà en cours d'impression quand se sont produits les tragiques événements des 7-9 janvier 2015. Ceux-ci ont dramatiquement atteint les principes de liberté de conscience (rédaction de *Charlie*) et de non-discrimination (Hyper Casher). La diversité des morts, parmi les forces de l'ordre, constitue une nouvelle preuve que la France est désormais pluriculturelle.

Il faut réaffirmer très fermement que rien ne saurait justifier l'antisémitisme et le refus de la liberté d'expression. Et, comme la liberté d'expression ne se divise pas, il a été décidé de ne rien changer au texte dont certains passages, d'ailleurs, deviennent d'autant plus d'actualité. Pour prendre un seul exemple : l'affirmation que la laïcité risque d'être « contre-productive » si elle « n'isole pas les extrémistes du reste de leurs communautés » (p. 158) acquiert une singulière résonnance. Plus que jamais, il faut arriver à isoler les extrémistes pour pouvoir les combattre de façon réellement efficace : on peut lire l'ensemble du livre à partir de cette assertion.

Remerciements

Les principaux éléments de cet ouvrage ont d'abord été présentés, en mars 2014, à l'Université de Tokyo, dans le cadre du séminaire du professeur Masuda Kazuo, spécialiste de la France. Je le remercie de son accueil et des judicieuses remarques qu'il a émises à cette occasion. J'ai également bénéficié de remarques pertinentes de la part des professeurs Jean-Paul Martin, Philippe Portier, Patrice Rolland et de celles de Michel Seelig. Je les en remercie. Naturellement je suis seul responsable du contenu de l'ouvrage. Merci enfin à l'équipe des éditions de la Maison des sciences de l'homme avec qui j'ai travaillé en pleine confiance et amitié.

À Lætitia,
au seuil de son adolescence…

- Sommaire -

Du malaise dans la laïcité et de ses raisons

Une grande majorité de Français se dit « attachée à la laïcité ». Pourtant un professeur de Sciences Po, Jean Picq (2014 : 18, 14), affirme qu'au vu de « la confusion qui s'est installée dans les esprits », le risque existe que « plus personne ne sache très bien en quoi [elle] consiste ». De son côté, la présidente de la Commission nationale consultative des droits de l'homme, Christine Lazerges, se montre perplexe : « Quand la laïcité est plébiscitée, il faut se demander de quelle laïcité il est question. » (2014 : 10). De fait, un malaise se développe. Lors du centenaire de la loi de 1905 séparant les Églises et l'État, on célébra une « loi de liberté », reprenant l'expression de son principal auteur, Aristide Briand. Personne n'imaginait que, cinq ans plus tard, Marine Le Pen mettrait en avant « la défense de la laïcité ». Depuis lors, il s'agit d'un thème récurrent du Front national.

Beaucoup de Français et d'amis de la France ressentent un désarroi devant ce qui leur semble constituer une « captation de la laïcité » au profit d'arguments « xénophobes ». Selon eux, le FN n'est pas seul en cause : des personnalités politiques de la droite dure campent sur des positions équivalentes. Ils découvrent qu'hormis une condamnation morale, ils ne disposent pas d'une argumentation sérieuse pour répondre à ce qu'ils nomment une « grave déformation de la laïcité ».

Le « modèle français de laïcité » leur semblait trop familier pour qu'ils aient approfondi la question. Ce « modèle » est loué ou critiqué, mais quand on se montre plus précis, des contre-vérités sont souvent énoncées, des aspects importants de la laïcité française rejetés dans l'impensé.

Contre-vérités et impensés

Contre-vérités ? Voici quelques exemples : même des manuels scolaires affirment que l'école, en France, est « gratuite, laïque et obligatoire ». Ce stéréotype reprend un slogan républicain de la fin du Second Empire, jamais appliqué. En 1881-1882, l'instruction est devenue obligatoire, l'école publique gratuite et laïque. Contestée à maintes reprises par certains laïques, la liberté de l'enseignement a toujours existé. Jules Ferry en fut partisan pour ne pas aboutir à ce qu'il appelait une « religion laïque d'État ».

« La France est une et indivisible » : autre cliché faux, affirmé de façon péremptoire (« tout le monde sait cela » indique *Charlie Hebdo*[1]). L'article 1 de la Constitution de 1793 proclamait la République « une et indivisible ». Pour la Constitution actuelle : la France est une « République indivisible, laïque, démocratique et sociale[2] [...]. Elle respecte toutes les croyances. » (article 1) L'indivisibilité inclut la diversité, et les adjectifs « démocratique et sociale », rarement cités, constituent des caractéristiques essentielles de la République française.

Dernier exemple, le « suffrage universel » aurait existé, en France, dès 1848, avant les autres pays démocratiques. Il a été en fait instauré tardivement, en 1944-1945. Quel rapport

1. Fischetti, Antonio, 2013. « La laïcité, c'est par où ? », *Charlie Hebdo*, Hors-série, 1 : 16. Cf. Avertissement p. 5

2. Reprise de la Constitution de 1946.

avec la laïcité ? Le fait que celle-ci a été souvent invoquée pour justifier le refus du vote des femmes, considérées comme « soumises » au clergé.

D'autres aspects de la laïcité française constituent des points aveugles. Dans trois départements – Bas-Rhin, Haut-Rhin et Moselle – les clergés catholique, juif, protestant luthéro-réformé sont payés par l'État et l'école publique comporte des « cours de religion ». En Guyane, le clergé catholique est rétribué sur fonds publics. La loi Debré permet un financement public des écoles privées sous contrat et contredit le slogan de l'école « gratuite, laïque et obligatoire ». Enfin, contrairement à une croyance tenace, l'État participe davantage (de façon indirecte) au financement des cultes en France qu'en Allemagne. Dans ce dernier pays, l'impôt volontaire au profit des Églises que prélève la puissance publique rapporte un peu à l'État. En France, l'abattement fiscal de 66 % consenti pour les dons aux associations cultuelles (comme à d'autres associations) constitue un manque à gagner pour les finances publiques.

Modèle unique et glissement de gauche à droite

La réplique militante affirme : il s'agit « d'atteintes à la laïcité », non de la laïcité elle-même. Beaucoup trient entre ce qui serait « la laïcité » et ce qui ne le serait pas et magnifient une laïcité idéale, comme, il y a quelques décennies, certains opposaient le communisme idéal au capitalisme réel (ou inversement). Mais leur laïcité idéale diffère de celle d'autres partisans de la laïcité. Sur les « affaires » qui la mettent en jeu, des désaccords existent. Ainsi, Sandrine Mazetier, membre de la Mission parlementaire sur le voile intégral (Mission d'information parlementaire 2010 : 349), trouve « intéressant que les associations laïques aient des approches aussi divergentes ». Divergences que le rapport ne mentionnera pas. De plus, dans l'histoire de la laïcité française, on a longtemps privilégié la séparation de la religion et de l'État. Désormais, on invoque surtout la neutralité, au point de réduire souvent la laïcité à ce terme. À chaque fois, l'évidence du propos cache une interprétation particulière.

Il n'existe pas un « modèle français de laïcité », mais différentes représentations selon les acteurs sociaux[3]. Leur contenu se modifie dans une certaine continuité. Le rapport de force entre leurs partisans change. Il produit la définition socialement légitime de « la » laïcité à un moment donné, celle à laquelle chaque acteur doit se référer, même quand il la critique. Cette définition sociale implicite constitue un enjeu politique et médiatique fort, et aboutit à un discours qui prend valeur de certitude.

Tant que la laïcité française sera essentialisée en un modèle unique, le malaise s'accentuera. La croyance en une laïcité française « une et indivisible » ne permet pas de comprendre le glissement actuel de gauche à droite (voire à l'extrême droite) de la laïcité dominante. Pendant très longtemps, la laïcité a semblé consubstantielle à la gauche. Aujourd'hui, cette dernière se trouve sur la défensive. La droite (« décomplexée », populiste ou extrême) affirme être la championne de « la laïcité », terme auquel il est donné un sens obvie.

Du modèle unique aux diverses représentations

Cet ouvrage prend en compte la dimension historique de la laïcité française sans retracer son histoire[4]. Il propose une

3. Cela n'empêche pas chaque citoyen de promouvoir ce qu'il estime être la « vraie » laïcité. Mais la conviction devient inquisitrice si elle délégitime une démarche de connaissance.

4. D'où des aller-retours historiques sélectionnant les éléments nécessaires pour construire les idéaux-types. Pour une vision chronologique, cf. Baubérot (2013) et Portier (2015).

cartographie de sept représentations de la laïcité, élaborées selon la méthode des idéaux-types initiée par Max Weber. Schématiquement, la construction d'idéaux-types fournit des portraits-robots pour évaluer, mesurer, comparer les éléments de la réalité historique et sociale. En se focalisant sur leurs aspects spécifiques, elle permet de classer la diversité inépuisable de la réalité concrète.

Si la démarche sociologique est plus travaillée, dans la vie courante chacun peut raisonner de manière proche de l'idéal-type, tout comme Monsieur Jourdain parlait en prose. Ainsi, pour évoquer Cyrano de Bergerac, on mentionnera son nez, non ses bras ou ses jambes. Un trait distinctif sera souligné. De même, les individus et les groupes qui illustrent ces représentations s'y rattachent de façon dominante, sans s'y réduire. Ils peuvent avoir des conceptions divergentes, ou des caractéristiques de plusieurs types. Sont typifiés des discours et des comportements, non les personnes elles-mêmes. Le signalement effectué ne prétend pas les cerner dans leur « essence » et les exemples choisis n'ont rien d'exhaustif.

Pour Émile Durkheim (2008 : 604), la « société idéale » qui motive les acteurs sociaux « fait partie de la société réelle ». « Tiraillée en des sens divergents », cette société idéale est constituée d'un ensemble de conceptions politico-idéologiques (en affinité avec des intérêts matériels et idéels), forces symboliques à l'œuvre dans les conflits et tractations entre ces acteurs. Le dispositif politique, idéologique et juridique de la laïcité française, au cours de son histoire, est marqué par ces interrelations.

La démarche sociologique répudie le substantialisme, le déconstruit. La sociologue canadienne Micheline Milot (2002) a évalué la laïcité québécoise à partir de quatre indicateurs. Elle et moi, nous les avons repris et développés pour l'analyse des laïcités de différents pays (Baubérot, Milot, 2011).

Ils s'avèrent particulièrement pertinents pour étudier les laïcités françaises car chacune d'entre elles s'y réfère. On peut les distinguer par leurs conceptions spécifiques et leurs articulations différentes des quatre éléments suivants : *la liberté de conscience* (et de ses divers rapports avec la liberté de religion), *l'égalité* (plus ou moins forte) *des droits* sans condition religieuse (principe de *non-discrimination*), *la séparation* et *la neutralité* (et des diverses manières de les envisager).

Quatre laïcités en 1905, toujours présentes aujourd'hui

Pour construire l'idéal-type de « l'esprit du capitalisme », Max Weber (2008 : 21) analyse un discours de Benjamin Franklin qui lui semble illustrer cet « esprit » avec une « pureté presque classique ». De même, au moment de la loi de séparation des Églises et de l'État (1905), des positions tranchées sur la *séparation* et les autres éléments clefs de la laïcité ont été formulées, des représentations présentes de façon diffuse ont été clarifiées et… affrontées. Quatre visions types sont repérables dans l'élaboration de cette loi, aujourd'hui encore au cœur de la jurisprudence laïque en France.

Au début du XXIe siècle, ces représentations ont persisté en adaptant leur contenu au changement de contexte. Bon gré mal gré, elles tiennent compte de l'existence de la loi de 1905. *Mutatis mutandis*, pourtant, elles se situent en filiation avec ces représentations concurrentes qui ont émergé dans un processus socio-historique de laïcisation, effectué à travers la « guerre des deux France » (Poulat, 1987). Celle-ci a opposé les tenants de la France séculaire, « fille aînée de l'Église » catholique, et ceux de la France nouvelle, se réclamant de la Déclaration des droits de 1789.

Une question essentielle consiste à savoir comment et pourquoi, après plus d'un siècle de conflit frontal, le catholicisme français a existé assez paisiblement dans la laïcité[5] ? On convoque régulièrement la figure du conflit en oubliant de se demander comment il a été pacifié et permet maintenant un consensus sur la loi de 1905. Cela autorise à ignorer que cette pacification résulte d'un conflit interne entre laïques, portant sur le type de *séparation* à réaliser.

Rien n'était acquis à l'avance. Entre 1901 et 1904, à la suite à l'affaire Dreyfus, le conflit des deux France s'est exacerbé. Georges Clemenceau déclare, en novembre 1903, à la tribune du Sénat : « Je repousse l'omnipotence de l'État laïque parce que j'y vois une tyrannie. [... La] séparation de l'Église et de l'État [doit avoir] lieu dans des conditions de libéralisme telles qu'aucun des Français qui voudront aller à la messe ne puisse se trouver dans l'impossibilité de le faire »[6]. Cette dernière précision montre, *a contrario*, que, pour beaucoup de parlementaires, la séparation va induire une nouvelle radicalisation des oppositions politico-religieuses et écorner la liberté de religion.

Deux représentations de la laïcité seraient allées dans ce sens. La première privilégiait le combat antireligieux et la seconde se situait dans la continuation du gallicanisme interventionniste des rois de France. Toutes les deux transformaient la laïcité en une sorte de religion civile. Elles ont été vaincues lors de divers votes. Cela ne signifie nullement que ces représentations aient disparu. Nous les retrouverons toutes les deux fort actives aujourd'hui. Il faudra comprendre pourquoi, examiner les conséquences de leur impact.

5. Le terme « paisiblement » n'implique pas l'absence de tensions. Il signifie qu'à partir de 1908 (cf. p. 69) celles-ci n'ont plus dépassé les tensions qui existent habituellement en France.

6. Les références non précisées concernant la séparation des Églises et de l'État proviennent soit de Bruley (2004), soit des débats parlementaires intégralement reproduits sur le site Laicite-laligue.org.

Deux autres laïcités ont marqué la loi de 1905 de leur empreinte. Elles ont fait en sorte que, si on l'étudie, celle-ci nous surprend « tant elle s'éloigne du modèle jacobin auquel, dans l'imaginaire collectif, se résume l'exception française » (Agier-Cabanes, 2007 : 134). Toutes deux ont envisagé la *séparation* dans le cadre d'une philosophie politique libérale. L'une en avait une conception individualiste et stricte, l'autre, qui l'a emporté, intégrait une dimension collective et se voulait inclusive. On retrouve ces deux sensibilités aujourd'hui. Elles ne sont pas médiatiquement dominantes.

Les nouvelles laïcités

À ces quatre laïcités s'en ajoutent trois autres, absentes des débats de 1905. Leur construction idéal-typique est moins facile car on ne dispose pas d'un événement structurant, telle la loi de séparation, pour les repérer dans leur « (quasi) pureté ». Elles sont cependant identifiables par les débats de ces dernières décennies.

Une laïcité, très attaquée par certains laïques, est la « laïcité ouverte ». Cette expression a été utilisée dans des sens divergents. Tous impliquent une critique de la laïcité dominante qui ne manifesterait pas assez d'ouverture envers le « spirituel » et/ou la religion. D'où la demande d'une réforme de la « laïcité française », telle qu'elle est ressentie, notamment par beaucoup de « croyants », des catholiques aux musulmans.

Nous trouvons également active une laïcité identitaire. Elle ne se réduit pas à la « laïcité positive » de l'ex-président Nicolas Sarkozy, même si ce dernier a insisté sur l'importance identitaire des « racines chrétiennes » de la France. Une première formulation date de 2003. Dans cette optique, la laïcité distingue les religions qui appartiendraient à l'identité de la France et celles qui seraient importées. Si les laïcités de 1905 se réclamaient de la gauche, celle-ci est ouvertement de droite. Son impact a été grandissant.

Enfin, dernier type de laïcité, celui de l'Alsace-Moselle, où ne s'appliquent ni la loi de 1882 laïcisant l'école publique, ni la loi de 1905. Un concordat et un système de « cultes reconnus » existent, ainsi que d'autres dispositions spécifiques. En février 2013, le Conseil constitutionnel a admis sa légitimité. Pour ses partisans, elle constitue « l'avenir » de la France en Europe.

Une laïcité instable dans un contexte changeant

D'une laïcité antireligieuse à une laïcité concordataire, la palette des laïcités françaises est vaste ! Dans le débat politique, médiatique, social, où il est toujours question de « la laïcité », chaque acteur tente de faire passer sa laïcité pour la seule authentique. Mais la liberté d'expression ne signifie nullement que ces acteurs se trouvent à égalité. En fait, ils doivent se situer face à des schèmes dominants, à une sorte de laïcité établie à un moment et en un lieu précis. Les configurations juridiques se conjuguent avec des représentations issues de différents modèles. Cette laïcité empirique résulte de strates historiques, de la situation géopolitique telle qu'elle est ressentie et des hégémonies idéologiques actuelles[7]. Elle forme une réalité instable qui ne peut changer du tout au tout en un instant, mais se trouve toujours en mouvement. Si, indéniablement, aujourd'hui, elle a glissé de gauche à droite, voire, en partie à l'extrême droite, ce déplacement n'est ni total ni irréversible.

7. Analyser la façon dont la laïcité empirique emprunte des éléments aux diverses laïcités serait un autre ouvrage. Quelques indications sont données pour chaque type de laïcité.

Il est lié à un nouveau contexte, abordé dans la partie conclusive avec l'armature théorique des seuils de laïcisation. Les rapports de force actuels dépendent, pour une part, de la maîtrise socio-culturelle des changements récents. Ne pas prendre en compte l'historicité de la laïcité française, l'essentialiser, rend incompréhensibles les déterminations induites par la dynamique sociale et fait que les actions (de défense, de promotion de la laïcité, etc.) n'aboutissent pas aux résultats escomptés par leurs auteurs. D'ailleurs, les termes même du débat (telle l'idée d'une « montée du communautarisme face à l'universalisme républicain ») doivent être déconstruits. D'un même mouvement, ils disent et cachent la réalité. Le langage utilisé fait partie du rapport de forces.

Petit mode d'emploi

Trois indications finales. D'abord, cet ouvrage se veut une étude de sociologie historique et il faut le lire comme tel. Les constats effectués ne valent pas approbation, ni les critiques opposition. La typologie est un système de classement, non une prétention au dévoilement des êtres et des choses. L'ouvrage cherche à proposer des pistes de travail, à ouvrir un débat dans le cadre d'une démarche de sciences humaines.

Ensuite, dans la lignée de Max Weber (1965 : 130, 173, 411), cette démarche de connaissance ne se confond nullement avec un « juste milieu ». Elle implique la mise en question d'évidences, de « valeurs devenues inébranlables », car le « doute le plus radical est le père de la connaissance », et l'analyse d'impensés, de points aveugles. Max Weber surprit ses collègues en souhaitant qu'un anarchiste devienne professeur : il pouvait mettre en cause « des conventions et des présuppositions qui paraissent si évidentes ». Les exemples de la pertinence de mises en cause, apparues à leur époque comme des partis pris farfelus ou scandaleux, sont innombrables. Ainsi, les féministes contestant l'existence d'un « suffrage universel » quand les femmes en étaient privées, ou Georges Clemenceau, à la Chambre des députés en juillet 1885, contestant l'évidence de « races supérieures » et « inférieures »[8]. Que diront de nous les historiens dans cent ans, quand les peurs et les préjugés ne seront plus les mêmes ? Nous jugeons sévèrement le passé, en ayant la naïveté de ne pas en conclure qu'il est indispensable de prendre nos distances avec les stéréotypes dominants de notre époque.

Enfin, dernière précision : pour rester dans les limites d'un ouvrage court, zooms et panoramiques sont alternés. Les zooms correspondent à des exemples significatifs en fonction de la perspective adoptée. Encore une fois, bien d'autres auraient pu être choisis. Les panoramiques impliquent des raccourcis, résument des points déjà développés dans mes autres ouvrages[9] ou indiquent ce qu'il est indispensable de savoir pour comprendre les exemples donnés. Bonne lecture.

8. Matthieu Séguéla (2014) remarque que, si le débat porte sur l'expédition de Madagascar, les exemples de Georges Clemenceau sont tous tirés de civilisations d'Asie. Il était impensable d'affirmer l'égalité de civilisations africaines ou malgache avec l'Occident ! Quelles que soient les distances que l'on prend avec les évidences de son époque, elles ne sont jamais suffisantes.

9. D'où des références à ceux-ci, pour éviter redites et trop longs développements.

Les laïcités historiques - 1

Les laïcités, religion civile : vaincues en 1905, fortes aujourd'hui

Premier type de laïcité : la laïcité antireligieuse

En France, à part certains milieux catholiques traditionalistes ou musulmans radicaux, un consensus existe pour affirmer que « la laïcité n'est pas l'antireligion ». La répétition même du propos signale un problème ! D'ailleurs, dans d'autres pays, on soupçonne volontiers la laïcité française d'être antireligieuse. Ces deux positions ne sont scientifiquement pas tenables. En 1905 et encore aujourd'hui, il existe un courant pour qui la laïcité signifie le combat contre la religion. Cependant, ce courant a été minoritaire et l'est toujours.

Maurice Allard, représentant idéal-typique de la laïcité antireligieuse en 1905

Le point de vue de la laïcité antireligieuse est exprimé au Parlement, en 1905, par le député socialiste Maurice Allard (1860-1942). Celui-ci défend une conception de la *séparation* des Églises et de l'État qui, déclare-t-il, doit tendre à diminuer « la malfaisance de l'Église et des religions ». Il affirme indispensable de « poursuivre l'idée de la Convention [1792-1795] et [d']achever l'œuvre de la déchristianisation de la France ». Pour lui, la laïcité implique de combattre les religions, « obstacle permanent au progrès et à la civilisation ». Il explique, dans les termes dominants de l'époque, qu'« il fallut la Révolution française pour redonner au cerveau de notre race sa véritable puissance de normale évolution et de possibilité de progrès. Sous l'influence du judéo-christianisme, toute lumière avait disparu ; il n'y avait plus que ténèbres ». Maurice Allard exprimait régulièrement cette opinion : « Fille du judaïsme, la religion chrétienne est un fléau dont les ravages sur l'esprit humain ne pourraient être comparés qu'à ceux de l'alcoolisme » (*L'Action*, 27 octobre 1903). En conséquence, l'État doit combattre les deux.

Selon Maurice Allard, la *liberté de conscience* n'inclut pas la liberté de religion, car la religion est par essence « l'oppression des consciences ». Elle représente un principe d'autorité contraire au libre examen. La séparation doit donc induire l'émancipation à l'égard de la religion et non *l'égalité des droits* sans tenir compte des croyances. L'État ne saurait être *neutre*. Nous sommes au début du débat sur la loi de séparation, le 10 avril 1905. Aristide Briand, député socialiste, rapporteur de la Commission qui a élaboré la proposition de loi, rétorque qu'en fait Maurice Allard ne réclame pas la séparation, mais la « suppression des Églises par l'État ». Aujourd'hui, le mensuel de la libre-pensée, *La Raison* (avril 2012), affirme que Maurice Allard était « partisan de l'État athée » face à « Aristide Briand et Jean Jaurès qui, eux, défendaient l'État laïque ».

La perspective de Maurice Allard est typique d'une laïcité qui réclame l'intervention de l'État pour soutenir l'athéisme et supprimer la religion. Par la laïcité, la puissance publique doit imposer une sécularisation complète[10] des individus. Cette position se revendique d'un certain héritage de la Révolution

10. La définition basique de la sécularisation est la prise de distance avec la religion. On trouvera une longue analyse de cette notion dans Baubérot & Milot (2011 : 159-194).

française et, au début du XXe siècle, elle possède un impact non négligeable. Il ne s'agit pas du combat contre les religions en lui-même, mais de l'affirmation que ce combat est au cœur de la laïcité. Ainsi, le responsable des Jeunesses laïques, Etber (*alias* Georges Béret) écrit en 1903 : « Je hais la religion parce qu'elle est la codification de l'Absolu. Je hais la religion parce qu'elle endort les aspirations de la partie la plus vivante de l'Humanité vers plus de Justice, plus de Bonheur, plus de Beauté » et intitule sa proclamation « La profession de foi d'un jeune laïque » (cf. Capéran, 1935 : 150). Laïcité et antireligion constituent une unique cause.

Une laïcité vaincue en 1905, mais qui survit ensuite

La contre-proposition de séparation de Maurice Allard est largement repoussée par les députés (494 voix contre 68). Pour les amendements qu'il dépose ensuite, Maurice Allard rassemble une soixantaine de parlementaires. Début juin 1905, dépité, il retire tous ceux qu'il comptait encore présenter. Tout en votant, le 3 juillet 1905, la loi de séparation qu'il qualifie de « périlleuse », Maurice Allard menace : « Nous nous servirons de l'action directe et prendrons d'assaut vos églises. » Il ne passera pas à l'acte mais ces propos, et d'autres analogues, ont amené nombre de catholiques et membres d'autres religions à craindre que la laïcité ne menace la liberté de croire.

Pourtant, la laïcité antireligieuse a été nettement battue et rien dans le dispositif juridique français ne lui correspond. Pour autant, cette perspective n'a pas disparu. Elle s'est adaptée à la législation et a pris ses distances avec l'expérience des pays totalitaires. Elle ne s'exprime plus publiquement de façon aussi claire et, souvent, reste muette sur le rôle de l'État dans l'abolition (souhaitée) de la religion. Mais il existe toujours des laïques convaincus que la laïcité implique de mener un combat contre les religions. Si exclure la liberté de religion de la *liberté de conscience* ne peut plus être explicitement souhaité, affirmer que la laïcité se conquiert par la mise en cause du religieux, par « l'émancipation » à son égard, constitue un propos récurrent.

Certains comportements cautionnent une vision antireligieuse de la laïcité. En 1901, la communion solennelle de la fille de Jean Jaurès est considérée par certains socialistes comme portant atteinte à la laïcité. Cent ans plus tard, le baptême de la fille de Régis Debray suscite un émoi analogue. Comme pour Jean Jaurès, la défense déclare que c'est la mère qui est responsable de la cérémonie ! De l'ancien président du Conseil de la IVe République, Guy Mollet, à l'ancien ministre de la Ve, Michel Charasse, des hommes politiques refusent de franchir la porte d'une église lors d'enterrements, « par souci de laïcité ». Lors de conférences, il n'est pas rare qu'un auditeur déclare : « Je suis un vrai laïque, je n'ai pas été baptisé ».

Ces manières d'être présupposent que religion et laïcité sont antinomiques. Moins on est religieux, plus on est laïque et, pour être vraiment laïque, il faut être totalement irréligieux. En fait, dès que laïcité et religion sont mises sur le même plan, la laïcité tend à devenir une croyance parareligieuse, concurrente des religions. L'optique n'est pas toujours explicitement combative mais elle favorise, quand les médias font état d'un « problème », une lecture sur-interprétant sa dimension religieuse et minimisant d'autres éléments (économiques, sociaux, culturels...). Le lien avec l'État reste souvent en arrière-fond, parfois il est rejeté et le discours présente une tonalité libertaire. Mais ce que l'on prône ne peut advenir sans une action autoritaire de l'État.

Il existe un courant antireligieux de droite qui ne se réclame pas de la laïcité. En revanche, certains, à gauche, relient d'autant plus étroitement « combat antireligieux » et laïcité qu'ils n'arrivent plus à contrer le capitalisme. « Ce ne sont plus seulement les institutions étatiques qu'il s'agit de protéger, mais les institutions et les espaces politiques propres du « peuple de gauche » : les partis, les syndicats, les associations, les mouvements sociaux – et même leurs espaces symboliques ou idéologiques » (Tevanian, 2013 : 8).

Une laïcité forcée au double discours

Cette perspective a accru son emprise depuis les années 1980, avec le « retour du religieux »[11]. Depuis lors, les propos qui présupposent l'illégitimité « républicaine et laïque » d'un mode de penser religieux font florès. On parle d'« obscurantisme moyenâgeux », expression que les spécialistes du Moyen Âge estiment inadéquate, mais qui fonctionne pourtant comme cliché.

Les dernières décennies du XXe siècle représentent bien un tournant dû à un ensemble complexe de facteurs sociétaux[12]. Dans le discours de la laïcité antireligieuse, celui-ci n'est pas décrypté. La représentation médiatique dominante formate les conceptions de cette laïcité beaucoup plus que les analyses des sciences humaines. D'où une double caractéristique. D'abord, la laïcité antireligieuse privilégie ce qui, dans l'univers religieux, comporte une dimension (ou une traduction) politique par rapport à ce qui constitue la consistance propre du religieux (la « foi »), beaucoup plus difficilement « médiatisable » (sauf quand on peut saisir ses manifestations rituelles comme spectacle). Ensuite, elle se situe dans l'indignation, oppose « la raison » à l'irrationnel (en fait au symbolique, aux croyances qui, pour Wittgenstein, peuvent être a-rationnelles) tout en

11. En fait, il s'agit d'un « recours au religieux » (Hamdi-Chérif, 2014).
12. Cf. p. 144-150 et Baubérot 2014 c, p. 80-107 sur les mutations géopolitiques.

s'appuyant sur une structure médiatico-émotionnelle et des certitudes au premier degré.

Pour ne pas sortir de la légitimité républicaine, un double discours est mis en œuvre : la même personne peut affirmer : « la laïcité n'est pas le refus de la religion » et tenir des propos dont le sens implique l'inverse. Le hors-série de *Charlie Hebdo* « La laïcité, c'est par où ? » (2013) est typique de cette optique. L'éditorial propose une définition de la laïcité conforme à la loi de 1905 : « La laïcité n'est pas athée. Elle est areligieuse. Elle respecte les religions, mais leur refuse toute suprématie. » Cinq lignes plus loin, il continue par l'affirmation : « Tout religieux est sectaire et intolérant. Tout religieux est non fraternel, en dehors des adeptes de sa secte. » Explication de cette attitude : « dans une vie dominée par la frustration, il faut bien soigner son angoisse et sa dépression par la croyance en l'existence d'un Être supérieur ou par la haine de l'autre ». Là encore, le mélange entre la dénonciation de la religion et la laïcité, dont on vient d'affirmer qu'elle « respecte les religions », est significatif.[13]

Athéisme et laïcité chez Michel Onfray

Une confusion analogue existe dans la « laïcité post-chrétienne » prônée par Michel Onfray (2005 : 239-262). Après une charge contre l'islam, celui-ci reproche à la laïcité historique dominante d'être « relativiste », en « mettant *à égalité* les religions et leur négation ». La « libre pensée contemporaine », affirme-t-il, « sent l'encens et se parfume éhontément [*sic*] à l'eau bénite ». Cette « laïcité se bat pour permettre à chacun de penser ce qu'il veut, de croire à son dieu, pourvu qu'il n'en fasse pas état publiquement. Mais publiquement, la religion laïcisée du Christ mène le bal… ». En effet, nous sommes

13. Cf. l'Avertissement p. 5.

« construits par deux mille ans de formatage du monothéisme biblique ». Michel Onfray trouve trop laxiste même une laïcité qui neutraliserait l'espace public de toute expression religieuse. Cela est logique car il relie étroitement athéisme et laïcité.

Le philosophe se présente comme le héraut d'une cause emportée par la vague déferlante de « l'obscurantisme religieux » : « À l'heure où se profile un ultime combat – déjà perdu… – pour défendre les valeurs des Lumières contre les propositions magiques, il faut promouvoir une laïcité postchrétienne, à savoir athée. » Les partisans de la laïcité gallicane déplorent, eux aussi, le déclin des idéaux des Lumières. Mais, dans les deux cas, le refus d'une *neutralité* en matière de religion est en affinité avec l'absence de distinction entre démarche de convictions et démarche de connaissance (c'est-à-dire une approche scientifique qui représente le savoir le plus élaboré à un moment donné, tout en se sachant faillible[14]). On trouve, chez Michel Onfray, une absence de prise en compte de la démarche et des acquis des sciences humaines sur les croyances et leurs mutations. Intervenant sur des sujets très divers, il peut mêler intuitions suggestives et propos qui laissent pantois les spécialistes.

Laïcité antireligieuse et/ou antimusulmane ?

Au XIXe siècle, des laïques comme Pierre Larousse dans son *Grand Dictionnaire*, en combattant la religion, attaquaient surtout le catholicisme. Ils se montraient moins défavorables à l'islam, religion qui leur apparaissait plus compatible avec la laïcité : elle n'a pas de clergé, pas de dogmes, insistait-on, en mettant en contraste le régime plutôt tolérant de l'Empire

14. Mais dont la réfutation obéit à des règles précises, élaborées par des protocoles internationaux, et non à un simple débat d'opinion.

ottoman avec l'Inquisition de l'Église latine (Lalouette 1995). La situation est aujourd'hui inverse. Pour un groupe comme Riposte laïque, la laïcité nécessite de combattre spécifiquement l'islam. Ses membres proviennent de la gauche ou de l'extrême gauche, mais cette association a organisé des apéritifs « saucisson-pinard » avec le Bloc identitaire, groupement d'extrême droite.

Le site de Riposte laïque comporte des propos véhéments, dont certains ont valu à deux de ses animateurs d'être condamnés pour incitation à la haine envers les musulmans en mars 2012. L'un des deux, Pascal Hilout, s'était exprimé de façon plus modérée devant la Mission parlementaire sur le voile intégral (Mission d'information parlementaire, 2010 : 579-584). Même là, il n'a pas caché que c'est « l'islam » en tant que tel que son organisation combat au nom de la laïcité. Fustigeant « 1905 » et « 1968 », il a paraphrasé « une formule célèbre » prononcée par Stanislas de Clermont-Tonnerre lors de la Révolution française, à propos des juifs, en déclarant : « Il nous faut tout refuser aux musulmans en tant que groupe communautaire et tout garantir aux musulmans en tant qu'individus et citoyens. »

Pascal Hilout ne sait sans doute pas que la Révolution a pratiqué un double jeu : après avoir « tout refusé aux juifs comme nation » et avoir proclamé leur « émancipation » comme « individus », elle ne les a pas pour autant autorisés à prêter le serment de citoyenneté de façon individuelle, mais seulement à titre communautaire. Le regard porté sur eux continuait de les « communautariser ». À Riposte laïque, et ailleurs, cette double attitude existe aujourd'hui envers les musulmans par l'injonction de se comporter en individu tout en les considérants comme un ensemble uniforme. Il y a, chez les partisans des laïcités religion civile, un emploi fréquent du mot « communautarisme ». C'est une de leurs forces car ce terme est utilisé dans l'ensemble du discours social sans beaucoup de précision. Il renvoie à des phénomènes de fragmentation sociale qui concernent en fait l'ensemble de la société[15].

Le noyau dur de la laïcité antireligieuse

Ce qui est commun aux diverses tendances de la laïcité antireligieuse (dont les orientations politiques et idéologiques sont divergentes) est l'indistinction entre une option philosophique convictionnelle et la laïcité. Comme il n'est plus possible de prôner, de façon socialement légitime, la disparition de la religion, toute espèce de visibilité religieuse, vestimentaire ou alimentaire, toute participation des religions au débat public sont considérées comme autant d'« atteintes à la laïcité ». C'est une position que l'on peut trouver à l'extrême gauche, en principe pour toutes les religions (avec un impact social très différent suivant les religions), et à l'extrême droite, quand il s'agit spécifiquement de l'islam. Dans les deux cas, l'écart entre la position de principe, ce qui est proposé sur le plan pratique (cantonner la religion – ou l'islam – uniquement à la sphère privée) et ce qui est réellement possible, vu la législation et la jurisprudence, crée l'impression d'une laïcité perpétuellement « attaquée ».

En résumé, la laïcité antireligieuse voit la laïcité comme un moyen d'imposer une sécularisation complète. Elle considère que la véritable *liberté de conscience* s'acquiert par l'affranchissement, l'émancipation, le refus de la religion. Les religions ne sont donc pas mises *à égalité* avec d'autres convictions. La société idéale serait formée d'individus irréligieux, « éclairés ». La *séparation* doit tendre à supprimer l'influence sociale de la religion. La *neutralité* profite de fait à la religion en désertant le

15. Cf. p. 156-161.

combat social et culturel de l'émancipation. Si, dans son expression publique, la laïcité antireligieuse est minoritaire, beaucoup de Français, militants laïques ou non, qui n'expriment pas clairement cette position peuvent se trouver influencés par elle.

Laïcité et religion civile

Cette laïcité partage avec la laïcité gallicane le fait d'être une laïcité parareligieuse, comportant des aspects de religion civile, notion dont une formulation ramassée est donnée par Jean-Jacques Rousseau dans sa *Lettre à Voltaire* : il s'agirait d'« un Code moral ou une espèce de profession de foi civile, qui contînt positivement les maximes morales que chacun serait tenu d'admettre, et négativement les maximes fanatiques qu'on serait tenu de rejeter, non comme impies, mais comme séditieuses. Ainsi toute religion qui pourrait s'accorder avec le Code serait admise ; toute religion qui ne s'y accorderait pas serait proscrite ; et chacun serait libre de n'en avoir point que le Code lui-même. » Dans le cas de la laïcité antireligieuse tendanciellement, d'ailleurs, aucune religion ne peut s'accorder avec le « Code » (qui est appelé « les valeurs de la République »), ce qui radicalise la position rousseauiste.

Des sociologues ont repris la notion de « religion civile » en précisant que son contenu n'est pas nécessairement religieux (comme l'est la religion civile américaine), mais que sa forme d'adhésion est parareligieuse. Elle ne peut n'être « rien de plus que le culte de la république elle-même » (Bellah & Hammond, 1980 : 13). Dans le *Contrat social*, Jean-Jacques Rousseau (2011) relie la religion civile à des « dogmes » obligatoires. Ces « dogmes » peuvent ne pas être explicitement religieux car « le contenu, en l'espèce importe moins que la fonction ». Il s'agit de sacraliser l'être ensemble collectif et d'établir ainsi socialement « un substitut au dispositif religieux » (Ihl, 1996 : 44 et suivantes). Chaque fois que l'on invoque un principe « républicain » (qui existe aussi dans les monarchies démocratiques !) en le transformant en une « valeur » à laquelle il convient d'adhérer, sans mettre en débat son interprétation et sa concrétisation, on adopte une perspective de religion civile : elle consiste à fonder une « société républicaine » sur « une transcendance qui se dérobe au jugement » (*Id.*).

Deuxième type de laïcité : la laïcité gallicane

La laïcité gallicane est, comme la laïcité antireligieuse, une laïcité qui tend vers la religion civile. Forte en 1905 et par la suite, elle constitue aujourd'hui le maillon essentiel qui permet le glissement de la laïcité de gauche à droite. Nous verrons, à la fin de l'ouvrage, le contexte socio-historique de ce glissement. Examinons, dans ce chapitre, les principales caractéristiques de cette laïcité gallicane.

Émile Combes, exemple type d'une laïcité gallicane

Au début du XXe siècle, son représentant le plus illustre est le radical Émile Combes (1835-1921). Président du Conseil du gouvernement du « Bloc des gauches » entre mai 1902 et janvier 1905, il est l'auteur d'un projet de loi de séparation[16], qualifié par Georges Clemenceau de nouvelle « Constitution civile du clergé », visant à « inféoder l'Église à l'État ». Le projet établit de fait une *quasi-séparation* du catholicisme français et du pape en accentuant la tutelle de l'État sur les religions. La *liberté de conscience* est fort limitée pour les membres des organisations religieuses, qui ne peuvent s'organiser sur un

16. Plus de détails dans Baubérot (1990 : 60-69).

plan national et sont soumises à une étroite surveillance. Le droit d'association des croyants n'est pas traité *à égalité* avec celui des autres citoyens. Les édifices religieux, propriétés publiques, seront loués pendant dix ans aux associations affectées à l'exercice du culte, ensuite ils pourront « être concédés à un autre culte ou affectés à un service public ». Cette épée de Damoclès permet à la puissance publique de ne pas être *neutre*, de favoriser les formes religieuses qu'elle considère comme « éclairées », de lutter contre celles qu'elle trouve obscurantistes ou passéistes.

Le gallicanisme, une politique religieuse séculaire

Le gallicanisme est issu de la politique religieuse des rois de France. On peut le définir par trois éléments : d'abord, le droit de l'État d'intervenir dans les affaires religieuses ; ensuite, ce droit s'accompagne d'un devoir de protection envers la religion d'État, le catholicisme ; enfin, conséquence des liens étroits entre l'État et cette religion, l'autonomie du catholicisme français par rapport à Rome. L'*Exposition de la doctrine de l'Église catholique* (1671) de Jacques Bossuet différencie la sobriété des formes de piété de « l'Église de France » et les superstitions baroques des catholicismes italien et hispanique.

Après la Révolution, Napoléon Bonaparte refuse de rétablir le catholicisme comme religion d'État (avec le Concordat, il devient « la religion de la grande majorité des Français »), élargit le champ de la légitimité religieuse à quatre « cultes reconnus » (catholicisme, protestantismes luthérien et réformé, judaïsme). Ainsi modernisés, les fondamentaux du gallicanisme subsistent, avec les Articles organiques, durant le XIXe siècle : droit d'intervention, de surveillance de l'État ; protection des cultes reconnus (leur clergé est salarié par l'État, les « atteintes » portées contre eux peuvent entraîner des mesures d'interdiction) ; idée que le catholicisme doit être une religion « éclairée » à « la française », donc que le développement de « l'ultramontanisme », dépendant de Rome, constitue un problème majeur. L'autorité politique peut sanctionner le clergé grâce à la « procédure pour abus ».

La séparation des Églises et de l'État figurait dans le programme républicain dès 1869. Pourtant, quand les Républicains ont été les maîtres de la République, ils ont adopté une politique gallicane, se servant du régime concordataire comme d'une arme pour contrôler l'Église catholique (Lalouette, 2005). Dans le climat d'extension des libertés publiques, *séparer* les Églises de l'État signifiait une perte de pouvoir sur la religion. En janvier 1903, Émile Combes prône le maintien du Concordat. Il combat les congrégations qui, perçues comme une « menace », sont au cœur de « l'ultramontanisme ». Amoureux d'une princesse carmélite (Baubérot, 2007), il lui indique son appétence pour la religion civile de Jean-Jacques Rousseau.

Durant la période combiste, l'expression de « laïcité intégrale » fait florès. Elle veut se distinguer de la laïcité de Jules Ferry et ses amis, estimée trop accommodante[17]. Cette position ne fait pas l'unanimité et le Bloc des gauches s'effrite peu à peu. Émile Combes quitte la présidence du Conseil en janvier 1905 et la proposition de la Commission parlementaire, dirigée par Ferdinand Buisson et Aristide Briand, supplante son projet de loi.

La laïcité gallicane et sa focalisation sur l'habit

Émile Combes ne participe pas aux débats de la Chambre des députés, mais on trouve une perspective combiste dans des propositions rejetées, ainsi, l'amendement du vice-président

17. Sur la laïcité ferryste, cf. Baubérot (2009 : 45-113).

de la Chambre, Jean Bepmale, refusant la possibilité pour les Églises d'acquérir une « personnalité civile ». Il obtient 155 voix (contre 425). L'enjeu est de taille : désormais, les organisations religieuses pourront agir en justice, y compris contre l'État. On sort de l'optique gallicane. Aristide Briand contre ainsi le projet : « Une loi n'a jamais pu, heureusement, réduire ni les individus, ni les groupements d'individus [...] à l'impuissance ».

Un autre amendement, du député radical-socialiste Charles Chabert, vise à interdire le port de la soutane dans l'espace public. Cette interdiction figure dans le projet de loi de Combes. Elle est repoussée par 391 voix contre 184. Charles Chabert constate que le port de la soutane n'est pas une obligation (dans certains pays les prêtres s'en dispensent) et qu'il s'est répandu avec la montée de l'ultramontanisme (la Révolution et Napoléon Bonaparte l'avaient interdit). C'est donc une tenue plus cléricale (politique) que religieuse, un signe « d'obéissance opposé à la dignité humaine », imposé par les évêques. C'est aussi « un acte permanent de prosélytisme ». Il rend les prêtres « prisonniers », crée une « barrière infranchissable entre eux et la société laïque». Il faut « ôter sa robe » au prêtre pour « libérer son cerveau » : « en l'habillant comme tout le monde », transformons « cet adversaire du progrès [en] un partisan de nos idées [...]. De cet esclave, faisons un homme ».

Le changement de tenue devient une sorte de transsubstantiation[18] de l'être humain, qui passe ainsi d'un camp à un autre, dans la représentation d'une société composée de deux camps irréconciliables. Être citoyen implique « l'adhésion à une profession de foi incompatible avec certains engagements ou certaines doctrines » (Nicolet, 1982 : 371). Et, comme on ne

18. Changement du pain et du vin en corps et sang du Christ dans l'eucharistie catholique.

peut sonder les reins et les cœurs, c'est la visibilisation (par la tenue) de ces doctrines supposées qui est pourchassée. L'habit devient le symbole de l'allégeance. Le but consiste à établir un « espace public homogène » où chacun porte l'habit de tout le monde, suscitant une complicité entre citoyens, combattants du progrès, qui, par leur ressemblance, doivent se sentir « solidaires les uns des autres » (Ihl, 1996 : 46).

Aristide Briand répond que la loi va instaurer « un régime de liberté » : « la soutane devient, dès le lendemain de la séparation, un vêtement comme les autres, [...] seule solution [...] conforme au principe même de la *séparation.* » Il dessine un espace social pluraliste, pacifié par une transformation politique : le passage d'un régime d'officialité religieuse où les habits constituent des marqueurs, à un « régime de liberté » où chacun s'habille selon son bon plaisir, sans que la différence de vêtement induise l'appartenance à un camp. C'est la promotion politique de la sentence : « l'habit ne fait pas le moine ». De fait, au milieu du XXe siècle, le chanoine Kir, créateur du célèbre apéritif, exerce les fonctions de député-maire de Dijon, vêtu de sa soutane, et des religieuses siègent en habit[19] dans des organismes publics d'action sociale jusque dans les années 1970. Encore aujourd'hui, des congréganistes sont surveillantes d'établissements pénitentiaires. La tenue religieuse n'est pas considérée comme étant, *ipso facto*, un signe de prosélytisme.

La persistance d'une culture laïque gallicane

Largement battue dans les débats de 1905, la laïcité gallicane ne renonce pas. Au nom de ses partisans, Jean Bepmale annonce le 3 juillet : « Nous voterons la loi parce que nous la

19. Certaines l'enlèvent, de leur propre chef, suite au Concile Vatican II. Il s'agit de sécularisation interne, non de laïcité.

considérons comme une loi provisoire [...] étape nécessaire dans la marche vers la laïcisation intégrale. » De tels propos, inquiétants pour les croyants, ne se réaliseront pas.

La laïcité gallicane reste attractive chez des fonctionnaires du Bureau des cultes. Dans l'entre-deux-guerres, ils qualifient la loi de 1905 « d'anti-laïque » car elle diminue fortement le pouvoir de l'État sur la religion (Baubérot & Milot, 2011 : 277). À la même époque, les laïques gallicans s'opposent au suffrage des femmes, considérées comme trop influencées par le clergé pour être citoyennes. Elles doivent d'abord être « éduquées », mais ne le sont jamais assez pour acquérir le droit de vote. L'écart d'un siècle entre le droit de vote des hommes et l'instauration du suffrage universel en France est le plus important de tous les pays démocratiques.

La loi de 1905 a eu des conséquences fortes sur un plan politico-juridique, elle n'a pas changé substantiellement la culture politique dominante des militants laïques. Par ailleurs, la politique religieuse de certains gouvernements s'inspire de principes gallicans. La loi de séparation, si importante soit-elle, ne concerne pas la totalité de la laïcité. Jean-Paul Martin (2014 : 63-66) insiste sur la persistance du conflit concernant la question scolaire, congruent avec l'influence d'une laïcité gallicane. L'idée de l'État enseignant et une certaine illégitimité symbolique de la liberté de l'enseignement ont condensé, pendant des décennies, la quintessence d'un combat laïque cherchant à refouler le plus possible l'influence culturelle de la religion au sein de la société civile. De là un véritable traumatisme induit par l'échec de l'opposition à la loi Debré et l'avènement des « consommateurs d'école » ne trouvant pas que les deux écoles enseignent deux France différentes, façonnent « deux jeunesses » qui ne peuvent se comprendre (comme l'affirmait Pierre Waldeck-Rousseau). Représentatif d'une politique religieuse séculaire, le gallicanisme reste ancré dans la mentalité française et une laïcité gallicane implicite imprègne de nombreux laïques.

Le renouveau de la laïcité gallicane : le manifeste de 1989…

La première « affaire » de foulards a suivi, à la rentrée scolaire 1989, la *fatwa* de l'imam Khomeiny condamnant à mort Salman Rushdie, la célébration du bicentenaire de la Révolution française et précédé de peu la destruction du Mur de Berlin. La conjonction de ces éléments explique, en bonne part, son impact national.

Un manifeste de cinq philosophes, « Profs, ne capitulons pas ! »[20], dénonce le « Munich de l'école républicaine » qu'aurait commis Lionel Jospin : le « foulard islamique [est le] symbole de la soumission féminine ». On ne peut « l'accueillir » à l'école car celle-ci « est la seule institution qui soit dévolue à l'universel » et doit offrir aux jeunes filles « un espace de liberté ». « La laïcité est et demeure, par principe, une bataille ». Et « la République a pour fondement l'École. C'est pourquoi la destruction de l'École précipiterait celle de la République. »

Il peut paraître étonnant de considérer ce texte comme le début d'un renouveau de la laïcité gallicane. En effet, la critique de l'attitude incohérente du ministre[21] lui donne un parfum

20. Élisabeth Badinter, Régis Debray, Alain Finkielkraut, Élisabeth de Fontenay, Catherine Kintzler, *Le Nouvel Observateur*, 2 novembre 1989.

21. Lionel Jospin (*Le Nouvel Observateur*, 26 octobre 1989) affirme que le port du foulard à l'école publique est contraire à la laïcité. Les enseignants doivent persuader les élèves de l'enlever. En cas de refus, ils doivent accueillir les élèves, l'éducation étant prioritaire. Demander de convaincre, en annonçant qu'il faudra céder au final, confie aux enseignants une mission impossible. La position de Lionel Jospin et celle du Conseil d'État, souvent confondues, divergent : pour le Conseil, un port discret du foulard est compatible avec la laïcité, si ce port devient « ostentatoire » (manifestations de prosélytisme, mise en cause de cours, de règles disciplinaires), il peut être interdit.

contestataire ; contestation inversée par rapport à Mai 68, puisque, face au port du foulard islamique par trois collégiennes de Creil, les auteurs affirment : « il est permis d'interdire », opérant une distinction entre « discipline et *discrimination* ».

Pourtant, des éléments importants de la laïcité gallicane se trouvent repris. D'abord, la focalisation sur le vêtement qui redevient un marqueur de servitude ou de liberté. Comme pour Jean Bepmale, une tenue est considérée comme constituant, en soi, une manifestation de prosélytisme, un vêtement plus politique que religieux, symbole de soumission dont il faut libérer les personnes qui le portent.

Ensuite, comme il s'agit d'un vêtement féminin, le thème de la « femme soumise » se trouve, de fait, repris. Certes, les partisans de l'interdiction du foulard, à l'encontre de leurs prédécesseurs, se réclament de l'égalité homme-femme. Cette référence constitue même un tournant car jamais laïcité et féminisme ne s'étaient trouvés liés. Cependant, il s'agit d'un féminisme de l'émancipation par l'École et la République, non d'un féminisme de l'autonomie[22] (représenté par une féministe comme Christine Delphy – 2010 – et le collectif Féministes pour l'égalité). Là, on retrouve la laïcité gallicane : il faut éduquer les femmes pour les affranchir de l'emprise cléricale.

Les laïcités historiques ont accordé de l'importance à la « liberté de penser » : il s'agit de la liberté conçue comme une émancipation face à toute doctrine englobante, à l'aide des instruments fournis par la raison et la science (Nicolet, 1982). Cependant, suivant les laïcités, les rapports entre liberté de penser et liberté de conscience sont différents. De façon idéal-typique, on peut dire que pour les laïcités religion civile,

22. Lors de la Commission Stasi, en 2003, une adepte de cette tendance paraphrase Jules Ferry. Ce dernier ayant dit : « Il faut que la femme appartienne à l'Église ou à la Science », elle affirme : « Il faut que la femme appartienne à l'intégrisme ou à la laïcité ». Dans les deux cas, « la » femme est un enjeu et non un sujet.

la liberté de penser supplante la *liberté de conscience*. Ainsi, les républicains anticléricaux, notamment en 1901, ont refusé de faire de la Déclaration des droits de l'homme et du citoyen un principe constitutionnel : leur politique anticongréganiste écornait des libertés publiques (Zuber, 2014 : 313-322). De manière plus générale, ils combattaient un catholicisme qui (selon eux) aliénait l'esprit critique et conduisait les individus à se soumettre à des doctrines et des pratiques absurdes et dangereuses : célibat des prêtres (et affaires de mœurs qui, estimaient-ils, y étaient liés) ; vœux d'obéissance annihilant la personnalité, doctrine de la Trinité (elle apprenait aux enfants que 1 + 1 + 1 = 1, ce qui menaçait l'enseignement de l'instituteur).

Dans cette optique, Jules Ferry et Ferdinand Buisson avaient tort d'établir une école laïque *neutre* à l'égard de la religion, vaquant de surcroît le jeudi pour faciliter la tenue du catéchisme : autrement dit, de promouvoir la liberté de penser dans le cadre du respect de la *liberté de conscience*. Là, en dernière instance, l'individu devait s'émanciper lui-même, même si l'institution-école pouvait l'y aider. La conception institutionnelle de « l'émancipation » des auteurs du manifeste les situe, au contraire, dans le cadre d'une laïcité gallicane religion civile, dans la lignée de l'anticléricalisme scolaire, perdurant même quand l'école publique laïque est devenue hégémonique.

Par ailleurs, une féministe, Françoise Gaspard, affirme en 1989 que le port du foulard signifie « l'inégalité entre les garçons et des filles » (*Le Nouvel Observateur*, 26 octobre). Ensuite, cette sociologue montre, par une enquête, qu'elle s'est trompée : cela est loin d'être toujours le cas car le port du foulard revêt des significations multiples et complexes (Gaspard & Khosrokhavar, 1994). L'ensemble des enquêtes sociologiques iront dans ce sens (Amiraux, 2009), ce qui ne fait pas changer d'un *iota* le discours des auteurs du manifeste et de leurs amis.

Dès lors, leurs affirmations relèvent d'un « dogme » d'une religion civile, non d'un savoir validé par les sciences humaines.

Enfin, la filiation avec la laïcité gallicane historique se manifeste par la méfiance à l'égard de la société civile et de l'influence de la famille, congruente avec l'idée que seule l'institution-école rend libre. Le professeur est porteur d'universel, les parents et la société d'un particularisme auquel il faut arracher l'élève. On invoque alors la « transcendance de la communauté des citoyens », de l'État, « utopie créatrice [...] principe d'inclusion potentiellement universelle » (Schnapper, 1999 : 112), mais cette « transcendance » permet de se dérober « au jugement » (Ihl, 1996 : 44).

... et l'opposition république-démocratie

Un texte de Régis Debray (*Le Nouvel Observateur*, 30 novembre 1989), centré sur l'opposition république-démocratie, supplante bientôt le manifeste lui-même. Référence sélective : on oublie les propos critiques (la fête de la Musique incarne la démocratie, la minute de silence, la République) pour ne retenir que ce qui légitime la France contre les pays anglo-saxons : « L'idée universelle régit la république », donnant un « État unitaire et par nature centralisé » qui « surplombe la société » ; « l'idée locale régit la démocratie » qui « s'épanouit dans le pluriculturel », est fédérale et décentralisée. Conception hobbesienne de l'État contre le « gouvernement limité » de John Locke. Paradoxe, c'est au moment où s'opère la décentralisation et où l'État assume de moins en moins un rôle social, qu'au nom de la laïcité, on va lui attribuer des fonctions « d'interventions, de surveillance, de contrôle » (Hennette-Vauchez, Valentin, 2014 : 65).

Régis Debray (1990 : 199-208) lance une autre expression, qui fait florès : la « laïcité – exception française ». Cette vision de la laïcité contraste avec celle qui a prévalu en 1905 : le rapport d'Aristide Briand consacre à l'existence de différentes laïcités dans le monde tout un passage, enlevé de la réédition du rapport par l'Assemblée nationale en 2005. Dans le discours universaliste de Régis Debray, la France est la figure de l'universel. Cette idée est déjà au cœur d'un ouvrage de Jean-Claude Milner : « L'idéologie française est ce paradoxe : une particularité qui ne se supporte elle-même que revêtue des insignes de l'Universel » (1984 : 151).

L'opposition stéréotypée : universalisme abstrait du républicanisme français[23] *versus* le « communautarisme anglo-saxon » rencontre un fort impact social. Elle conjure deux peurs issues du tournant de 1989 : crainte d'un islam politique ; anxiété à l'égard d'une globalisation sous hégémonie américaine. Une faille dans le propos de Régis Debray facilite son instrumentalisation : il écrit fièrement qu'« une république n'a pas de maires noirs [ni] de sénateurs jaunes », parce que « chacun se définit comme citoyen ». Cette affirmation principielle masque la réalité concrète : la République française de 1989 n'a pratiquement pas de maires noirs ou « basanés », ni de sénateurs jaunes, au moment où la couleur de peau des Français est de plus en plus diversifiée.

D'une institution mise à part (« l'école, c'est sacré » indique Régis Debray), le propos s'est généralisé par l'affirmation de la prééminence de l'État paré des oripeaux d'une république idéale. Jacques Julliard réplique : « Où est-elle votre République ? » Et il ajoute : « C'est Rousseau, amendé par Robespierre et Louis Blanc, selon la version canonique du jacobinisme français » (*Le Nouvel Observateur*, 7 décembre 1989). On en revient à Jean-Jacques Rousseau et à la religion civile. La notion de « république » renvoie à la *res publica* et à la

23. Dans cette optique, les États-Unis ne constituent pas une « république ».

République française, et, jouant sur les deux tableaux, permet d'en rester à l'énonciation de principes sans s'affronter aux manquements structurels de la Ve République. Les principes républicains (qui fonctionnent aussi dans les autres démocraties) deviennent, dans l'usage social, des « valeurs de la République » dogmatiquement énoncées.

Stricte neutralité pour l'individu, limitations possibles pour l'institution

Les représentants de la laïcité gallicane historique ont exercé le pouvoir ou l'ont approché. La variante « utopique » est plus philosophique que strictement politique. La mise en avant de « l'universalisme abstrait » vise un État peuplé de citoyens égaux, sans considération religieuse. Mais l'interprétation socialement dominante du propos l'applique essentiellement à l'islam. L'impact du discours utopique échappe à ses auteurs. Par l'ambivalence de leurs propos, ils enclenchent le renouveau d'une laïcité gallicane très prisée des politiques et de certains médias. Si la loi de 1905 va être invoquée de façon incantatoire et donc imprécise, ce courant va lutter pour l'extension à certains individus de l'obligation de la *neutralité* (et finalement, en partie, l'obtenir) en s'accommodant, de fait, des limitations apportées à la *séparation* et à la *neutralité* des institutions.

Les philosophes gallicans utopiques devraient, logiquement, publier des manifestes contre l'école privée sous contrat et l'école publique d'Alsace-Moselle. Là, c'est l'institution-école elle-même qui peut avoir des signes religieux, notamment des crucifix sur les murs des salles de classe. *Quid* alors de « l'émancipation » ? Pourtant, Henri Peña-Ruiz mis à part, ils ne s'engagent guère dans ce combat. Ils se montrent, de fait, plus indulgents à l'égard des signes imposés par l'institution que vis-à-vis de ceux portés par des élèves. Et quand il se produit des atteintes à la *séparation*, c'est la libre-pensée qui porte plainte.

En revanche, le combat pour l'extension de la *neutralité* constitue une bataille constante. L'idée-force est qu'il est nécessaire de privilégier, dans l'espace public, ce qui est « commun ». Mais ce « commun » ne résulte pas alors de confrontations issues de composantes – individuelles et collectives – de la société civile. De fait, le discours tenu en vient « à rassembler sous un seul concept les tendances de la consommation capitaliste de masse [...] et celles du républicanisme à la française qui se fonde en particulier sur la *neutralisation* (voire la dénégation) des différences anthropologiques, qu'elles soient de sexe, de religion ou de culture » (Balibar, 2012 : 30). Cela tend à uniformiser l'espace public au profit de ce qui est réellement dominant, donc « commun », l'univers de la marchandisation.

Le Haut Conseil à l'intégration et sa laïcité gallicane

En général, la laïcité gallicane se veut « la laïcité », « la laïcité républicaine ». Mais l'héritage gallican peut parfois être explicitement assumé, comme dans la Charte de la laïcité, rédigée par le Haut Conseil à l'intégration (2007). Selon cet organisme, « l'idée de laïcité existait sous l'Ancien Régime » avec la « tradition gallicane »[24]. Celle-ci aurait promu... la « *liberté de conscience* » : « déjà sous l'Ancien Régime [...], la France a donné à ses francs sujets et quelle que soit leur confession, l'accès à l'espace public et à ses responsabilités, un accès qui n'avait pas d'équivalent en Europe ». Cela serait partiellement exact pour les décennies où l'Édit de Nantes a bien fonctionné, cela est faux quand il est globalement question de « l'Ancien Régime ».

24. L'ancêtre du gallicanisme est Philippe le Bel, responsable de l'expulsion des Juifs hors de France et de la persécution des Templiers !

Le HCI croit prouver la véracité de son propos par l'exemple de Turenne. Il oublie que, comme nombre de gentilshommes, ce protestant a abjuré sa foi en 1668 et a ainsi pu conserver la faveur du roi. Pourtant, le HCI prétend que le « principe fondamental » de « l'Église gallicane » de Bossuet (le convertisseur de Turenne) était « la séparation de la puissance temporelle et de la puissance spirituelle », alors que cette Église, relativement autonome à l'égard de Rome, fut un instrument de la répression du protestantisme, dont l'aboutissement fut la révocation de l'Édit de Nantes (1685)[25]. Celle-ci est condamnée sans troubler le raisonnement, et ses conséquences durant le XVIIIe siècle sont pratiquement ignorées.

J'ai déjà effectué l'inventaire des contre-vérités contenues dans cet historique (Baubérot, 2014a : 67-79), mais ce rappel était nécessaire car le texte du HCI représente presque dans sa « pureté » (comme dirait Max Weber) l'idéal-type de la laïcité gallicane et cela se concrétise quand il préconise d'étendre l'obligation de *neutralité* aux collaborateurs occasionnels du service public. De façon plus implicite, bien d'autres discours rapprochent la laïcité et le gallicanisme séculaire des dirigeants de la France, situant la loi de 1905 dans cette filiation, alors qu'elle crée « une situation inédite dans l'histoire de France » : « l'enterrement républicain de tout gallicanisme » (Poulat & Gelbard, 2010 : 259).

L'engrenage de la laïcité gallicane au début du XXe siècle…

L'historiographie actuelle insiste sur l'importance de la longue durée. Or, dans la longue durée, la politique religieuse de la France est gallicane, et non *séparatiste*. Dès qu'une « menace »

25. Ce qui n'implique pas, bien sûr, toute absence de tension entre gallicanisme ecclésiastique et gallicanisme politique.

religieuse est ressentie, la matrice gallicane retrouve son emprise. Surtout dans un contexte international où, un peu partout, la longue durée montre sa force. En fait, même une politique en partie gallicane peut être équilibrée par un libéralisme politique foncier et se montrer accommodante : Jules Ferry trouvant des compromis avec Léon XIII (Chevallier, 1981) en est un bon exemple. Mais le plus souvent, le gallicanisme se montre autoritaire, tels Pierre Waldeck-Rousseau et Émile Combes, au début du XXe siècle.

Là, un engrenage s'enclenche (Cabanel, 2007 ; Baubérot, 2013 : 64-68). La loi sur les associations de 1901 prévoit des mesures restrictives contre les congrégations car, après l'affaire Dreyfus, cela semble nécessaire. Cependant, pour créer les conditions d'acceptation d'une loi effectuant des restrictions limitées, les congrégations doivent être globalement diabolisées. La loi apparaît donc vite trop timide et la politique d'Émile Combes généralise la lutte anticongréganiste. Cette politique semble elle-même trop modérée au parti radical, qui demande la disparition de tout l'enseignement privé où règne un état d'esprit analogue à celui des écoles congréganistes. Mais, cette mesure même serait insuffisante sans une vigilance constante pour « laïciser » l'école publique elle-même en épurant son personnel des « cléricaux latents ».

Georges Clemenceau prononce alors son « discours pour la liberté »[26]. Il déclare aux laïques gallicans : « Vous rêvez l'État idéal ! » Mais votre « abstraction d'État » est un « État-pape » : « nous sommes des hommes d'esprit latin. La poursuite de l'unité par le dieu, par le roi, par l'État nous hante : nous n'acceptons pas la diversité dans la liberté. [...] Nous n'échappons à l'Église que pour tomber dans les bras de l'État. »

26. Georges Clemenceau a des aspects de séparatiste strict et des aspects gallicans (ainsi, dans l'entre-deux guerres, il est contre le droit de vote des femmes).

… et au XXIe siècle

C'est un engrenage analogue qu'a enclenché la laïcité gallicane actuelle. Après les attentats du 11 septembre, elle semble gagner avec l'adoption de la loi de mars 2004, interdisant le port de signes religieux dits « ostensibles » à l'école publique. Cependant, cette interdiction limitée a nécessité une dénonciation globale du port du foulard et ne tarde pas à apparaître insuffisante à certains ; les tentatives de débordements se multiplient. Contenues sous la présidence de Jacques Chirac, elles donnent lieu, pendant le mandat de Nicolas Sarkozy, à de nouvelles mesures. La plus connue est la loi d'octobre 2010 interdisant le port du voile intégral »[27], qui s'accompagne de « propos islamophobes », incompatibles avec le principe de « *non-discrimination* », dénoncés, en juin 2014, par la Cour européenne des droits de l'homme[28]. Mais d'autres mesures existent, comme l'interdiction à des mères de famille portant un foulard d'accompagner les sorties scolaires (Circulaire Chatel, 2012).

Par ailleurs, la nouvelle direction du HCI, mise en place par Nicolas Sarkozy, demande de nouvelles extensions de l'obligation de *neutralité* religieuse (université, entreprises, etc.), en prétendant que la loi de 1905 ne s'est pas préoccupée de l'espace public, ce qui est faux (Baubérot, 2014a : 136). Une députée radicale de gauche veut une loi interdisant le port du foulard aux femmes gardant chez elles de petits enfants, un de ses collègues veut étendre l'obligation de *neutralité* des agents du service public à tout organisme qui bénéficie d'une aide financière publique, etc.

27. L'opposition à cette loi pouvant être le fait d'adversaires résolus du voile intégral (cf. p. 74).

28. Qui l'avalise cependant : comme il y a eu la construction sociale et politique d'un affrontement République française/extrémisme religieux, la Cour s'est trouvée dans un dilemme : désavouer la loi aurait semblé donner une « prime à l'extrémisme », dont les effets dangereux se font sentir à un niveau international.

La laïcité gallicane a alors globalement cédé le pas à la laïcité identitaire. Cela induit des divergences au sein des laïcités historiques : la Libre pensée dénonce « l'ignominie » des atteintes au Code du travail sous prétexte de laïcité (*La Raison*, décembre 2011). Elle récuse « les néo-laïcistes [qui] appellent à légiférer pour interdire et réprimer, au nom de la *liberté de conscience*, de l'égalité hommes-femmes, etc., tout comme sont lancées, au nom de la liberté et de la démocratie, les opérations militaires "humanitaires" ». C'est « un cocktail de principes républicains et réactionnaires [...] et certains se laissent prendre » (*Id.*, avril 2014).

Les philosophes de la laïcité gallicane utopique se réfèrent aux philosophes des Lumières. Comme eux, ils ont voulu infléchir la politique du prince. Mais, comme au XVIIIe siècle, c'est un marché de dupes. « Le prince jette son manteau de philosophe et prend l'épée dès qu'il voit une province à sa convenance », écrit Paul Hazard (2006 : 328), qui ajoute : « La philosophie croyait se servir des rois, et c'étaient les rois qui se servaient d'elle. » De même, bien des personnalités politiques ont recyclé, à partir de 1989, une optique gallicane classique grâce aux arguments fournis par les philosophes. Ces dernières années, Nicolas Sarkozy et des dirigeants de droite (ou même de gauche) invoquent « l'universalisme républicain », quitte à adopter un tout autre discours quand leur intérêt le leur commande.

Revenue au pouvoir en 2012, la gauche tente, dans une certaine mesure, d'enrayer l'engrenage. François Hollande retire le dossier laïcité au HCI, qui a adopté l'optique d'une laïcité identitaire, pour le confier à un Observatoire de la laïcité, où coexistent des représentants de différentes tendances. Au moment où ces lignes sont écrites, il n'y a pas eu de nouvelle loi mais on assiste toujours à des tentatives de débordement (chefs d'entreprises ou maires prenant des règlements intérieurs ou arrêtés illégaux au nom de la laïcité, etc.). Le contexte international, la division et le peu de réflexivité de la gauche sur la laïcité rendent difficile d'amorcer un virage. De plus, une occasion a été en partie perdue. La loi sur le « mariage pour tous » a constitué un réel clivage entre les partisans de la laïcité gallicane, qui y étaient favorables, et ceux de la laïcité identitaire. Mais elle n'est pas explicitement apparue à l'opinion publique comme une loi concernant la laïcité, notamment à cause d'une insuffisance de l'argumentation du Parti socialiste qui ne l'a pas reliée au processus de longue durée de laïcisation des mœurs (Baubérot, 2014a : 219). Bref le tournant d'une laïcité répressive à une laïcité qui impose la liberté aux religions n'est pas pris.

Le noyau dur de la laïcité gallicane

Considérant la religion comme potentiellement dangereuse, la laïcité gallicane veut limiter la *liberté de conscience* dans certains lieux. L'étendue de cette limite, les endroits où elle s'exerce peuvent varier, mais reste un point commun : le « principe de laïcité », comme principe émancipateur, peut être supérieur à celui de la *liberté de conscience*. Qui peuvent être les objets de cette limitation et donc ne pas avoir des *droits égaux* à ceux des autres citoyens ? Dans les textes des laïques gallicans, la réponse est récurrente : les « intégristes », les « fondamentalistes », termes non définis qui peuvent établir un continuum entre une mère de famille portant un foulard et un dangereux extrémiste. Les combats laïques ont peu d'impact quant à la *séparation*, le plus souvent ils se focalisent sur l'extension de la *neutralité* au point que, pour une partie de l'opinion publique, laïcité et *neutralité* sont devenus synonymes. Là encore, l'écart entre l'idéal proclamé et les possibilités pratiques tend à créer l'impression d'une laïcité constamment menacée, et que l'on ne saurait jamais trop défendre.

Les laïcités historiques - 2

les laïcités séparatistes : victorieuses en 1905, dominées aujourd'hui

Troisième et quatrième types de laïcité : les laïcités séparatistes en 1905

Longtemps, la loi de séparation des Églises et de l'État a été qualifiée de « loi Combes ». Cette erreur montre que la mémoire collective, celle de la légende noire catholique et celle de la légende dorée anticléricale, a perçu la loi de 1905 dans l'optique de la laïcité gallicane. On a oublié que le projet de Combes a été désavoué, dès sa publication, par des militants de la *séparation* : l'Association nationale des libres penseurs, par exemple, a dénoncé la « laïcisation très incomplète » qui résulterait de liens maintenus avec l'État, les mesures autoritaires de surveillance des cultes : leur adoption « pousserait à la délation » ou impliquerait la présence aux services religieux « d'un commissaire de police » chargé de déférer à l'autorité les « écarts de paroles » (*Le Siècle*, 27 novembre 1904), ainsi que les tensions entre laïques lors de l'élaboration de la loi.

Deux laïcités séparatistes, à regrouper et à distinguer

La célébration du centenaire, en 2005, a rétabli le rôle de premier plan joué par Aristide Briand (1862-1932), rapporteur de la Commission parlementaire. En revanche il fut peu question de son président, Ferdinand Buisson (1841-1932). La raison de cet oubli est facile à comprendre : à un moment décisif, lors du vote d'un ajout apporté à l'article 4, Ferdinand Buisson et Aristide Briand sont en désaccord et, soutenu par Jean Jaurès, Aristide Briand l'emporte sur son aîné. S'en tenir là, pourtant, serait tronquer le processus de la loi. Ferdinand Buisson a joué un grand rôle dans son élaboration. Ensemble, Ferdinand Buisson et Aristide Briand ont construit un projet congruent avec une philosophie politique libérale. Le second a davantage triomphé que le premier mais leur collaboration s'est avérée indispensable.

Il faut donc regrouper et distinguer les types de laïcité représentés (de façon idéal-typique) par Ferdinand Buisson et par Aristide Briand[29]. Les regrouper : dans les deux cas, il s'agit de laïcités qui accordent une place privilégiée à la *séparation* des religions et de l'État, refusent une vision antireligieuse ou gallicane. Les distinguer : l'affrontement sur l'article 4 a mis aux prises deux visions divergentes de la *séparation*. La première témoigne d'une optique individualiste et stricte ; la seconde donne une place à la dimension collective et se veut inclusive.

Ferdinand Buisson : la séparation comme achèvement de l'anticléricalisme

Au début du XXe siècle, Ferdinand Buisson est une figure respectée du radicalisme, plus connue qu'Aristide Briand, alors jeune député socialiste. Ancien directeur de l'enseignement primaire sous Jules Ferry et ses successeurs, il est considéré comme l'architecte de l'école laïque et le célèbre *Dictionnaire de pédagogie*, arme théorique des hussards noirs, a été publié sous sa direction. À l'automne 1903, ce libre-penseur surprend en annonçant la fin prochaine de l'anticléricalisme.

29. Ce chapitre traite de ces deux laïcités en 1905, le suivant de ces deux laïcités aujourd'hui.

Avec la *séparation* des Églises et de l'État, l'anticléricalisme aura réalisé son « œuvre » et pourra disparaître : son « triomphe » aura consisté à « se rendre inutile ». En effet, il lui faut veiller à ne « rien proscrire de ce qui est humain, pas même l'erreur ».

Adversaire des congrégations (mais aussi du monopole de l'école laïque), le leader radical distingue congrégations et congréganistes. Pour lui, « l'acte constitutif d'une "congrégation autorisée", l'enregistrement d'un contrat de servage » par la « nation souveraine » serait contraire à la laïcité : « La République se refuse formellement à consacrer par un surcroît de faveurs un acte collectif de rupture avec la famille et la société. » En revanche, qu'un homme ou une femme « fasse le sacrifice de ses biens, de sa santé, de sa vie [...] pour se dévouer à une cause qui lui est chère » sont, même si la cause est détestable, « des actes de la liberté individuelle que nous n'avons nul droit d'entraver » (Buisson, 1903). Cette position préfigure son optique en 1905.

Le conflit des laïcités séparatistes lors de l'ajout à l'article 4

À la Commission, Ferdinand Buisson, président, et Aristide Briand, rapporteur, livrent le même combat. Tous les deux estiment que la minorité opposée à la *séparation* doit pouvoir émettre critiques et contre-propositions. Pour eux deux, désormais « La République ne reconnaît, ne salarie ni ne subventionne aucun culte » (article 2), mais ils s'opposent à Maurice Allard qui combat l'affirmation : « La République assure la liberté de conscience. Elle garantit le libre exercice des cultes » (article 1). Tous les deux, enfin, prennent leur distance avec le projet de loi de Combes, malgré leur appartenance au Bloc des gauches. La Commission refuse de ratifier ce projet par un vote serré (13 voix contre 12). Ferdinand Buisson n'hésite pas à écrire que ce texte « ne peut s'appeler *séparation* des Églises et de l'État, puisque c'en est juste l'opposé » (*Le Radical*, 21 décembre 1904).

Le point d'achoppement entre les deux laïcités va être l'ajout effectué après le dépôt du « projet définitif » de la Commission. « Essence même de l'œuvre de séparation » selon Ferdinand Buisson, l'article 4 originel indiquait que les biens et les édifices, notamment les églises, propriétés publiques, de chaque culte reconnu seraient dévolus à ce culte, à charge pour ses adeptes de se regrouper en associations pour assurer son exercice (association cultuelle). Cela signifie que si les membres de l'association veulent exercer leur culte sans adopter la totalité des règles édictées par leurs autorités, ils le pourront. Or, il existait des catholiques critiques à l'égard de leurs évêques. La loi adoptée, ils auront les moyens de faire pression sur eux, voire, s'ils le souhaitent, de prendre leurs distances. Cette perspective était inacceptable pour la hiérarchie catholique, qui ne se priva pas de rappeler que « l'Église est une monarchie », nullement une démocratie.

Un ajout est rédigé. Son auteur, le socialiste Francis de Pressensé, s'inspire de la législation religieuse écossaise et de celle de certains États fédérés des États-Unis : les associations cultuelles devront se conformer « aux règles générales du culte dont elles se proposent d'assurer l'exercice » pour obtenir la dévolution des biens. Ainsi, le système peut être verrouillé. Selon Ferdinand Buisson, cela conduit à traiter « avec l'Église catholique comme avec une puissance organisée dont on respecte la constitution au moment même de s'en *séparer* » (*Le Radical*, 26 avril 1905). Il n'a pas tort. Cependant, avec cette nouvelle mouture, la séparation n'interdit pas aux catholiques qui le voudraient de fonder des associations cultuelles indépendantes. Mais, dans ce cas, elles ne seront pas les affectataires de biens cultuels publics, notamment les églises. Maurice Larkin (2004 : 188) montre que l'enjeu est, certes, matériel mais aussi symbolique : pour la masse des catholiques, le culte légitime est celui qui se déroule dans l'église du village ou du quartier.

Après un débat marqué par de vifs affrontements, l'ajout est adopté par 368 voix contre 198. Une partie de la droite et le centre gauche sont venus appuyer la minorité de gauche favorable à ce changement. Ferdinand Buisson n'a pas pris la parole mais a voté contre l'ajout. *La Croix* (25 avril 1905) rapporte ainsi la fin de séance : Jean Jaurès, favorable au nouveau texte, exulte, mais « en triomphant si haut M. Jaurès a voulu surtout cacher de trop visibles inquiétudes. Des mots irréparables s'étaient croisés [...]. Au banc d'où il assiste, silencieux, à la bataille, M. Buisson, blêmi par la défaite, songeait à la revanche. Un peu plus loin, [on voyait] le reflet empourpré des colères radicales ». Le quotidien catholique conclut à propos du couple Briand-Jaurès : « c'étaient de singuliers vainqueurs ».

De fait, si les adversaires de l'ajout se rallient[30], les jours suivants, les radicaux se déchaînent : « Socialisme papalin » titre *La Dépêche du Midi* (26 avril 1905). Désormais, la future loi, qui devait être « une œuvre de progrès et de libération », sera « une loi de conservation, c'est-à-dire de recul », une loi qui consacre l'asservissement des prêtres et des fidèles catholiques « au joug du pape romain ». Les auteurs de l'adjonction sont traités de « bourgeois de Calais » capitulant devant le pape (*Id.*, 29 avril). Georges Clemenceau parle de « coalition monstrueuse » (*Ibid.*, 28 mai).

La séparation individualiste et stricte

Une certaine historiographie raconte l'histoire des vainqueurs de cet affrontement de façon assez hagiographique ; elle disqualifie moralement les adversaires de l'ajout et les traite de

30. Le nouvel article 4 est adopté par 482 voix contre 52 après une déclaration du chef radical Charles Dumont : « Si grave que soit la disposition votée, elle ne fait pas obstacle au vote. »

« séparatistes intransigeants » animés par un « anticléricalisme intolérant » (Scot, 2005 : 240). C'est évacuer l'enjeu du *dissensus*.

Les vaincus obtiennent une petite compensation par l'indication, à l'article 8, que, s'il est saisi d'un différent, le Conseil d'État se prononcera « en tenant compte de toutes les circonstances de fait » (ce qui, en définitive, ne changera rien). Le 15 juin, Ferdinand Buisson tente d'en profiter pour reprendre la main. Il dépose un amendement élargissant le nombre de membres des associations cultuelles. Cela lui permet d'expliquer son point de vue : « Avec la séparation, déclare-t-il, l'État ne connaît plus l'Église [catholique] en tant qu'entité ou que hiérarchie officielle [...]. Mais l'État connaît des citoyens français catholiques »[31]. Ceux-ci peuvent exercer leur liberté « sur la seule base admise en démocratie, celle de l'association libre et volontaire ».

Dans la logique de la première partie de la loi de 1901 sur les associations[32], l'organisation collective de la religion s'inscrit dans le prolongement de la liberté de conscience individuelle. La République assure la *liberté de conscience* des individus. Ceux-ci peuvent librement s'associer, sans que cela concerne directement l'État. Le leader radical se situe dans la logique de la Constitution révolutionnaire de 1791 : tout homme a le droit « d'exercer le culte auquel il est attaché ». On part de l'individu, même si l'exercice du culte est forcément un acte collectif. Mais la gauche radicale a alors renoncé à combattre Aristide Briand, et le président de la Commission, terrible camouflet, obtient 46 voix.

Au Sénat, Georges Clemenceau attaque l'article 4. Pour élaborer « une loi qui ne soit pas en contradiction avec les règles

31. Les débats sont focalisés sur le catholicisme, alors que les autres cultes reconnus étaient tout autant concernés.

32. Et non de la partie beaucoup plus restrictive sur les congrégations.

générales de l'Église romaine, où le pouvoir vient de haut en bas », on l'a faite « en contradiction avec les règles générales de la démocratie française où le pouvoir vient de bas en haut ». Cependant, la gauche ayant décidé que le Sénat ne modifierait pas la loi pour que celle-ci puisse être rapidement votée, l'apostrophe du leader radical tient du baroud d'honneur.

Une séparation qui intègre une dimension collective...

Le quatrième type de séparation est donc celui auquel est parvenu le rapporteur de la Commission, Aristide Briand, soutenu par ses collègues socialistes Jean Jaurès et Francis de Pressensé. Comment l'ajout de l'article 4 a-t-il été justifié ? Par un discours enflammé de Jean Jaurès et diverses déclarations d'Aristide Briand.

Jean Jaurès s'écrie : « La France n'est pas schismatique, elle est révolutionnaire. C'est parce que notre génie français avait cette merveilleuse audace d'espérance et d'affirmation dans la pensée libre qu'il s'est réservé dans la Réforme afin de se conserver tout entier dans la Révolution. » Outre qu'elle connote une conception anhistorique de l'histoire (la France n'aurait pas adopté la Réforme au XVIe siècle pour mieux faire la Révolution au XVIIIe siècle), cette déclaration (souvent citée de façon acritique) use avec brio d'un procédé connu : verser dans l'inflation idéologique pour légitimer une mesure de conciliation.

Jean Jaurès propose également un pari : viser une évolution à moyen et long terme de l'Église catholique, plutôt que son affaiblissement immédiat : dans le « régime de la *séparation* », affirme-t-il, « la vaste communauté des fidèles exercera nécessairement sur l'Église plus restreinte du clergé [...] [une] inévitable pression ». Le catholicisme ne sera plus protégé « contre les impressions de laïcité qui lui viendront de ces fidèles eux-mêmes par la carapace abolie du Concordat ».

Aristide Briand demande aux parlementaires de prendre en compte le caractère collectif de la religion. Trois Églises vont être séparées de l'État : « l'Église catholique, apostolique et romaine, l'Église [*sic*] israélite et l'Église protestante. Ces Églises ont des constitutions » et le « premier devoir » pour « régler le sort des Églises dans l'esprit de *neutralité* où nous concevons la réforme, consiste à ne rien faire qui soit une atteinte à la libre constitution de ces Églises ». Sinon, ajoute-t-il, la *séparation* deviendrait, « d'une manière indirecte, sournoise, une entrave à l'exercice des cultes ». L'article 1 est interprété de façon à y englober les règles d'organisation collective des religions.

Dans la future loi, précise son rapporteur, on trouve un « ensemble de garanties offertes à l'État, à l'Église et aux communautés de fidèles ». Outre l'État, deux catégories sont distinguées : les « communautés de fidèles » (proches des « citoyens associés » de Ferdinand Buisson, avec une significative différence de terminologie), et « l'Église », organisme qui, en tant que tel, reçoit également des garanties, indépendamment de ces communautés. Au contraire de Ferdinand Buisson, Aristide Briand envisage « l'Église » non comme le simple prolongement du droit de l'individu à s'associer, mais comme une entité, un groupement intermédiaire, entre les « fidèles », individus citoyens, et l'État.

La *liberté de conscience* est donc interprétée différemment. Georges Clemenceau soupçonne catholiques et socialistes d'avoir des connivences : ils donnent des « promesses de paradis dans le ciel ou sur la terre » (*La Dépêche*, 1er mai 1905). Si le propos est polémique, il n'est pas dénué de justesse en ceci que le socialisme (et, chez Aristide Briand, la culture syndicale) accorde une consistance propre au niveau collectif, à l'inverse de la culture individualiste du radicalisme. Pour Aristide Briand, Jean Jaurès et Francis de Pressensé, la liberté collective constitue une dimension de la (véritable) liberté individuelle, et non son simple prolongement. Cette dimension s'avère indispensable pour que cette liberté ne soit pas formelle, mais puisse poursuivre ses objectifs.

La novation est l'application à l'exercice de la religion de la logique qui prévaut pour la lutte politique et syndicale. Il n'est pas étonnant que ce soit dans la culture politique de pays « anglo-saxons » (Écosse, États-Unis) que la formule ajoutée ait été trouvée. Selon le Conseil d'État (2004 : 393), la loi de 1905 se situe dans la filiation de la philosophie politique de John Locke.

... et se montre inclusive

Aristide Briand et Jean Jaurès mettent en avant un autre argument. Si la République veut réussir la *séparation*, il faut que l'Église catholique ne puisse pas crier à la persécution. Cela revient à prôner un apaisement favorisant la fin du conflit des deux France et assurant une hégémonie laïque inclusive, une *séparation* qui convienne à une grande majorité des Français, arbitres du conflit. Le rapporteur de la Commission insiste sur ce point et met les parlementaires devant leur « responsabilité » : ne pas aboutir « à une réforme inacceptable pour l'Église [catholique] et pour le pays lui-même » :

> « Et si l'Église [catholique] ne l'accepte pas, votre loi ? Si elle entre en révolte contre elle ? Si, dans toutes les paroisses, elle peut, avec une apparence de raison, justifier cette révolte, si elle parvient ainsi à déchaîner des colères contre la République, que direz-vous ? Que ferez-vous ? »

Constatons ici une inversion de la menace. Dans le discours des laïcités religion civile, c'était l'Église catholique qui menaçait la République. Ici, au contraire, une laïcité qui ne se soucierait pas de rendre ses propositions acceptables mettrait la République en danger. Dès le départ (mai 1904), Aristide Briand avait réclamé une laïcité de « sang-froid » : « Sachez résister aux surenchères, ne craignez pas d'être taxés de modérés. » Il ajoutait qu'il avait été traité de « clérical », mais n'en avait cure. Pour lui, « faire échouer » la séparation « serait un crime contre la République ». Or, « il y a deux moyens, précise-t-il en avril 1905, de faire échec à une réforme » : le premier « consiste à voter nettement contre elle » ; le second, « consiste, par la voie des surenchères, à la rendre si difficile qu'elle devienne inapplicable ». À cela, Jean Jaurès a ajouté un autre argument : la nécessité d'en finir avec les conflits politico-religieux pour que la « démocratie se donne toute entière à l'œuvre immense et difficile de réforme sociale » (*La Dépêche du Midi*, 15 août 1904). Le travailleur catholique est d'abord un travailleur.

Le plus significatif est la suite de l'histoire car, même conciliante, la séparation de 1905 est refusée par le pape qui oblige les catholiques français à ne pas former d'associations cultuelles. Maurice Larkin (2004 : 198, 222) montre que, par peur que d'autres pays ne soient tentés d'imiter la France, le Saint-Siège préfère, selon ses propres termes, « une franche persécution » à des « accommodements trompeurs ». À l'époque, organe de combat des catholiques, *Le Pèlerin* (9 juillet 1905) reconnaît lui-même que la loi est finalement « moins mauvaise qu'on n'eût pu le craindre ».

Dans un premier temps, le veto du pape donne raison aux adversaires d'Aristide Briand, tous courants confondus : toute recherche de conciliation avec l'Église catholique n'est qu'un marché de dupes où plus on en donne, plus on vous en réclame. Pourtant, devenu ministre des Cultes, Aristide Briand continue, accentue même, sa politique : « L'Église catholique [...] sera dans la légalité malgré elle », déclare-t-il aux parlementaires en présentant la loi du 2 janvier 1907 permettant d'éviter un « délit de messe ». Finalement, cédant en apparence du terrain, il l'emporte[33] : en 1908 la séparation est effective et fonctionne dans le calme retrouvé. Son pari a triomphé. La hiérarchie catholique n'a pas pu, « avec une apparence de raison », justifier sa « révolte ». Malgré la crise des inventaires, vite calmée, le peuple catholique n'a pas suivi la voie de l'intransigeance papale. La loi de séparation a donc instauré une laïcité inclusive, un pacte laïque avec la société civile, y compris avec sa composante religieuse.

Dès ce moment-là, le jugement de la jurisprudence inverse le rapport entre l'ordre public et la *liberté de conscience*. Avant 1905, perspective gallicane, la liberté n'existait, même pour le catholicisme, qu'à la condition « de se conformer aux règlements de police » (article 1 du Concordat) et le Conseil d'État avalisait, en général, les limitations portées à la liberté des cultes. « Après la séparation, au contraire, la liberté des cultes [y compris dans ses « manifestations extérieures »] constitue une limite au pouvoir de police du maire » (Amédro, 2011 : 594). Dans l'écrasante majorité des cas, les arrêts litigieux sont annulés. Auparavant « garant d'un gallicanisme administratif », le Conseil d'État devient le promoteur de la « *liberté de conscience* » (Rolland, 2013 : 255). À la fin des années 1920, les juristes catholiques eux-mêmes se félicitent de la nouvelle jurisprudence. Entre-temps, en 1923-1924, un accord entre Aristide Briand et le Saint-Siège a rendu légale la situation des paroisses catholiques (création d'associations diocésaines). Mais la pacification religieuse se trouvait instaurée, de fait, depuis plus d'une décennie. Cela aboutit, en 1946, à l'inscription de la laïcité dans la Constitution par un gouvernement tripartite dont le président du Conseil, Georges Bideau, est démocrate-chrétien.

33. Sur les années 1906-1908, cf. Baubérot (2013 : 78-82).

Les caractéristiques des laïcités de 1905

Les deux laïcités qui ont forgé la loi de 1905 ont donc privilégié la *séparation* des Églises et de l'État au combat antireligieux et à l'option gallicane où, si l'État est bien séparé de la religion, la religion n'est pas véritablement autonome et séparée de l'État. Cette séparation s'est effectuée dans le cadre de l'affirmation de la *liberté de conscience*, incluant le libre exercice des cultes. Cependant, deux interprétations divergentes en furent faites. Pour la première, la *liberté de conscience* est avant tout une liberté individuelle qui se prolonge par le libre exercice du culte. Pour la seconde, elle implique de considérer l'organisation de chaque religion. D'un côté, *l'égalité* entre citoyens est strictement individuelle ; de l'autre, elle prend en compte une dimension collective. C'est pourquoi la conception de la *neutralité* est différente dans les deux cas. Le premier génère une *neutralité* d'indifférence : les citoyens qui veulent pratiquer une religion peuvent le faire à leur guise, l'État n'a pas à le prendre en considération. Le second est une *neutralité* de « respect » (terme utilisé à plusieurs reprises dans les débats) : l'État connaît l'existence d'organisations religieuses et, sans leur donner de caractère officiel, respecte leur constitution. C'est une laïcité inclusive qui tente d'être acceptable pour le plus grand nombre de citoyens, dans la diversité de leurs affiliations.

Troisième et quatrième types de laïcité (suite) : les laïcités séparatistes aujourd'hui

Deux organisations laïques historiques – la Libre pensée et la Ligue de l'enseignement – se situent dans la filiation des laïcités séparatistes de 1905. Plus ou moins influencées pendant plusieurs décennies par la mentalité gallicane, elles se sont montrées sensibles au travail des historiens et des juristes prouvant que la loi de séparation n'était pas « combiste » et ont réévalué leurs points de vue. D'où un paradoxe apparent : leurs positions sont apparues « nouvelles », des membres de la Ligue de l'enseignement ont même réclamé un « nécessaire *aggiornamento* » de la laïcité, alors qu'elles sont les plus proches de la loi de 1905.

Comme à cette époque, les deux types de laïcité séparatistes d'aujourd'hui peuvent être rapprochés et distingués. Sur certaines « affaires », des communiqués communs sont publiés, exprimant une convergence de vues : refus d'une extension de la *neutralité* ; défense du droit de critiquer la religion comme partie intégrante de la *liberté de conscience*. Mais, face aux problèmes d'aujourd'hui, il est possible de distinguer une laïcité séparatiste stricte à dominante individualiste et une laïcité à tendance plus inclusive et attentive à la dimension collective. D'un point de vue idéal-typique, la Libre pensée incarne la première et la Ligue la seconde.

Cependant, un idéal-type constitue un système de classement, non la description des nuances de la réalité empirique, et ces associations comptent des membres proches des différents types de laïcités historiques.

La Libre pensée, son option philosophique et sa militance laïque

La Libre pensée s'oppose aux organisations et aux dogmes religieux, sans effectuer de confusion entre son option philosophique et la promotion de la laïcité, règle politique. Ses convictions propres prônent le « libre examen » et s'enracinent dans les idéaux de la Révolution française. Son mensuel, *La Raison*, indique, au-dessous de la date du calendrier commun, celle du calendrier révolutionnaire. Comme organisation laïque, elle milite pour « la *liberté absolue de conscience* » incluant la liberté de religion, et la *séparation* par une application stricte (« réelle », précise-t-elle) de la loi de 1905. La Libre pensée ne peut être analysée à partir des oppositions binaires entre « laïcisme » et « laïcité ouverte ». C'est pourquoi les médias citent rarement ses déclarations. Raison supplémentaire pour nous y intéresser.

Les positions de la Libre pensée la conduisent à s'opposer régulièrement à l'attitude d'autorités religieuses, mais aussi à critiquer Michel Onfray, « partisan de l'État athée [...] aux antipodes du combat laïque »[34] (*La Raison*, avril 2012), et Pierre Cassen, rédacteur de *Riposte laïque*, accusé d'être un « chaud partisan de l'islamectomie [*sic*] » (*Id.*, février 2014). La Libre pensée se distancie aussi des laïcités gallicane ou identitaire, par exemple des positions du Haut Conseil à l'intégration,

34. « L'athéisme, conception philosophique », est-il précisé, « n'est pas une garantie en soi pour les libertés individuelles ou collectives » : Bonaparte et l'URSS sont cités en exemple (*La Raison*, décembre 2010).

qualifié de « Haut Comité à la désintégration républicaine » (*Ibid.*, décembre 2011) et de « Haut Conseil islamophobe » (*Ibid.*, avril 2014).

Dans le débat de 1905 entre les deux libres penseurs, Maurice Allard et Aristide Briand, la Libre pensée choisit Aristide Briand : si, dans sa volonté « d'en finir avec la religion », affirmait ce dernier, on « se tourne vers l'État et l'appelle au secours de la libre-pensée [on] le somme de commettre, au service de la libre-pensée, la même faute qu'il a commise au service de l'Église [catholique] ». La Libre pensée ne compte pas sur l'État pour combattre la religion. Cependant, la différence entre polémique convictionnelle contre la religion (surtout le catholicisme) et défense vigoureuse de la laïcité, comme règle juridico-politique, n'est pas toujours aisée à effectuer chez tous ses militants et certains d'entre eux peuvent se trouver attirés par l'optique d'une laïcité antireligieuse.

La laïcité de la Libre pensée est une laïcité de combat et ce combat s'effectue contre tous les empiètements à la *séparation* qu'elle perçoit. Elle accorde également une large place à tout ce qui peut concerner la laïcité dans les différents pays du globe, en reliant combat laïque et combat social.

De la liberté de conscience des citoyens…

La loi de 1905 induit un glissement dans les différences existant entre les deux types de laïcités séparatistes car la Libre pensée a intégré l'apport d'Aristide Briand, au même titre que celui de Ferdinand Buisson, considéré comme « un modèle de citoyen » (*La Raison*, septembre-octobre 2010). Quelques exemples concrets permettent de préciser son attitude. Les trois premiers concernent la défense de la *liberté de conscience*, les suivants la volonté de faire respecter une application stricte de la *séparation*.

Lors du débat sur le voile intégral, Marc Blondel, son président, déclare à la Mission d'information parlementaire (2010 : 343) que la Libre pensée est résolument hostile au port de tout vêtement religieux (soutane, robe de bure, *niqâb* et *burqa*, tous « symboles de l'oppression »), et non moins hostile à une loi d'interdiction. « Les dictatures ont toujours voulu imposer des modes vestimentaires. » Interdire le voile intégral s'inscrirait « dans la logique actuelle tendant à restreindre toujours plus la liberté de comportement ». La laïcité n'est pas « un art de vivre – elle s'apparenterait alors à une religion – mais un mode d'organisation politique des institutions. Elle vise [...] à distinguer institutionnellement le domaine de l'administration et des services publics de celui de la vie privée des citoyens. [...] Il appartient aux femmes et à elles seules de déterminer leur comportement ». Le refus d'une laïcité religion civile se conjugue avec la défense d'une liberté d'autonomie, rejetant une émancipation autoritaire par l'État.

Autre exemple, quand le HCI propose d'interdire les signes religieux ostensibles à l'université, la Libre pensée « exige le respect des franchises universitaires ». Conquises dès le Moyen Âge, ces « libertés démocratiques ont été les moyens et le corollaire de la libre recherche dans les études ». Grâce à elles, les forces de police ne peuvent pénétrer dans les facultés que de façon exceptionnelle, à la demande des responsables. « Vouloir y interdire le port de vêtements religieux », ou autres « c'est la porte ouverte à l'entrée des forces de police dans les campus », cela répond à ce qui a « toujours été une préoccupation des ministres de l'Intérieur » : « surveiller, contrôler, réprimer les étudiants » (*La Raison*, novembre 2013). L'invocation de la laïcité ne doit pas servir de prétexte à des atteintes aux libertés publiques.

Celles-ci s'exercent également face à ce que la Libre pensée juge être des empiètements des Églises sur la *liberté de conscience*. Ainsi, elle combat pour un droit complet à la « débaptisation ».

Quand quelqu'un, baptisé enfant (donc sans son consentement personnel), veut être débaptisé, il doit pouvoir faire retirer son nom des registres ecclésiastiques, de manière à ce qu'il ne reste plus trace de son baptême. S'il « existe un fichier consultable où figure le fait qu'il a renié son baptême », il s'agit alors d'un « fichier des apostats » et il « n'est pas libéré de l'emprise de l'Église, il change seulement de catégorie » (*Id.*, novembre 2013). Le problème est complexe ; dans la logique de l'article 4, la jurisprudence admet, dans certains cas, que le droit spécifique des religions puisse s'appliquer à des affaires les concernant. La « conséquence concrète est que la régulation des cultes [...] est confiée aux cultes eux-mêmes et que leurs décisions s'imposent aux autorités publiques », sauf « en cas de manœuvre dolosive ou frauduleuse » (Rolland, 2013 : 261).

... à une séparation stricte, notamment financière

Pour la Libre pensée, tout lien entre l'État et les religions est une atteinte à la *séparation*. Le dialogue institutionnel établi par Lionel Jospin en 2002 entre le gouvernement et l'Église catholique (incluant le nonce apostolique), et une convention passée entre le ministre de l'Intérieur et le Conseil français du Culte musulman sont dénoncés (*La Raison*, septembre-octobre 2010). Autre exemple, la présence de Manuel Valls à Rome pour la béatification du père Berthieu, une première pour un ministre de l'Intérieur, suscite l'ironie (*Id.*, janvier 2013).

La Libre pensée veut faire respecter strictement l'article 2 de la loi de 1905 qui affirme que la République « ne reconnaît[35], ne salarie et ne subventionne aucun culte », tout en minimisant la portée de la fin de cet article (voté par 287 voix contre 281), qui

35. Cette formulation technique indique la fin du système des « cultes reconnus », signifie qu'aucune religion n'a un caractère officiel.

permet aux aumôneries, dans les lieux fermés, de bénéficier de fonds public pour garantir « le libre exercice des cultes ». Elle peut, à partir de là, protester quand des militaires ont la « quasi-obligation de participer en tenue à une messe [...] présidée par un représentant de l'État » (*Ibid.*, janvier 2013). Mais quand elle cite différents décrets sur l'aumônerie militaire, affirmant qu'ils « démontrent l'imbrication juridique étroite entre le ministère de la Défense et les religions » (*Ibid.*, janvier 2012), il faudrait indiquer en quoi ils contreviennent à la fin de l'article 2.

La loi de 1905 est-elle aussi rigoureuse que le pense la Libre pensée ? Les débats d'alors sur la dévolution des édifices religieux, propriétés publiques, montrent une évolution. Les députés rejettent la proposition qui demande de louer ces édifices 5 % de leur valeur (« Quelle est la valeur de Notre-Dame [de Paris] ? »), et celle, moins irréaliste, d'une location n'excédant pas 10 % du revenu annuel de l'association cultuelle. Ils se prononcent pour leur « jouissance gratuite et illimitée » par 310 voix contre... 70 (et beaucoup d'abstentions), ralliement final à une *séparation* souple à l'égard du non-financement.

Avec justesse, l'universitaire américain Jacques Berlinerblau (2012 : 49) voit dans ces mesures « les limites de la *séparation* » à la française. Les aumôneries, la coopération nécessaire pour les édifices religieux, qui sont propriétés publiques, restreignent l'aspect *séparatiste* de la laïcité empirique. Ultérieurement, un glissement s'est produit vers différents subventionnements indirects, qui relèvent plus du type de la laïcité ouverte que de la loi de 1905. Curieusement, le Conseil constitutionnel (février 2013) retient de son article 2 le principe du non-salariat des ministres du culte mais fait silence sur le non-subventionnement (Prélot, 2014).

Ce glissement est combattu par la Libre pensée et ses militants introduisent des actions en justice pour le respect de la législation de 1905. Parfois, ils obtiennent gain de cause. Ainsi, pour des locations de bâtiments municipaux à des prix défiant toute concurrence, octroi de subvention déguisée à des activités cultuelles. Autre exemple, les ostensions limousines : tous les sept ans, dans une vingtaine de communes, on sort des reliques de saints locaux pour les présenter, au cours d'une procession, « à la vénération du peuple rassemblé ». Après un recours, le Conseil d'État a interdit le subventionnement public des ostensions en janvier 2013.

Parfois, la Libre pensée se trouve déboutée. Ainsi, elle a demandé l'annulation d'un arrêt qui déclarait licite la subvention accordée par le conseil municipal de Lyon à la communauté Sant'Egidio organisatrice d'une Rencontre internationale pour la paix. Pour la Libre pensée, cette rencontre constituait une « activité cultuelle ». Le Conseil d'État a répondu par la négative en mai 2012. Certes, « certaines conférences portaient sur des thèmes en rapport avec les différentes religions représentées », mais il n'y a pas eu d'activité cultuelle proprement dite, seulement une plage horaire libre « afin que les fidèles des différentes confessions puissent, s'ils le souhaitaient, participer, dans des édifices cultuels de leur choix, à des prières ».

Ce jugement manifeste une divergence entre l'optique de la Libre pensée et l'interprétation jurisprudentielle que le Conseil d'État fait de la loi de 1905 (Rolland, 2013). D'une façon plus générale, la Libre pensée raisonne dans le cadre d'une dichotomie « sphère publique », reliée à la puissance publique, à l'État et à ses institutions, où la laïcité implique la *neutralité*, et « sphère privée » où la laïcité implique la *liberté de conscience* des individus sans accorder une attention spécifique aux aspects collectifs de la pratique religieuse. À l'inverse des laïcités religion civile, la sphère privée inclut, dans cette optique, ce qui ne représente pas la collectivité dans l'espace public. Ainsi, le port d'un vêtement, si on n'est pas un agent du service public, fait partie de cette sphère privée où doit exister une *égalité des droits*. Mais, à la différence d'une conception séparatiste plus inclusive, l'espace public ne constitue pas une catégorie tierce, distincte des sphères publique et privée, où différentes composantes de la société civile (y compris celles se référant à des options religieuses) pourraient apporter une contribution à des questions de société. Selon la même logique, la Libre pensée se montre hostile aux langues minoritaires et régionales (*La Raison*, mars 2014). En définitive, son action permet de tester juridiquement les limites des libéralités permises par la loi de 1905 et la jurisprudence subséquente. Cependant, elle ne semble pas se poser la question de la dimension collective de la liberté et des nécessités concrètes liées à sa réalisation (plusieurs théoriciens des droits de l'homme, Karl Marx le premier, ont insisté sur ce point).

La Ligue de l'enseignement et la loi de 1905

Les laïcités religion civile se réfèrent à la loi de 1905 de façon souvent imprécise, partielle, parfois à contresens. Tel n'est pas le cas de la Ligue de l'enseignement et de l'éducation permanente, créée en 1866, qui a constitué un accompagnement associatif de l'école publique. Son importance historique montre qu'il est inexact de prétendre que l'école laïque a été un « sanctuaire » séparé de la société civile[36]. Aujourd'hui, des figures de ce mouvement se sont spécialisées dans l'étude de la laïcité juridique et de la loi de 1905 (Boussinesq, 1994 ; Ducomte, 2012 ; El Mountacir, 2005 ; Gelbart *in* Poulat & Gelbart, 2010 ; Miaille, 2014). Cette compétence est reconnue

36. Pour l'histoire de la Ligue, cf. Tournemire (2000).

dans le camp laïque. L'inégal[37] *Dictionnaire de la laïcité* (Cerf & Horwitz, 2011), auquel divers types de militants ont collaboré, a confié la rédaction des deux articles substantiels sur la « Loi de 1905 » à son président et à son vice-président.

Lors du centenaire de la Loi, la Ligue a explicitement choisi « Briand et Jaurès [...] contre les champions des discours incantatoires, [...] fermes dans le ton [...], inefficaces dans le réel ». Elle prend acte du fait que la loi de 1905 a été plusieurs fois modifiée. Elle s'oppose à la remise en question de « ses principes essentiels », que ce soit dans le sens d'une reconnaissance par l'État de « l'utilité sociale » des religions ou d'un contrôle gallican, « dans la tradition bonapartiste », mais estime que « des aménagements sont possibles », pour prendre en compte « la diversité culturelle » (La Ligue, 2005 : 67, 65).

De 1989 à 2004, les « affaires de foulard » concernent essentiellement l'école, domaine distinct de celui de la loi de 1905 ; il n'est pourtant pas impossible d'établir une relative comparaison. Preuve en est la thèse de Jean-François Amédro (2011 : 647) sur la séparation. L'auteur se situe dans la lignée philosophique de Henri Peña-Ruiz, qu'il cite régulièrement. Mais, juriste, il estime, contrairement à ce dernier, que l'avis du Conseil d'État de 1989 s'inscrit « parfaitement » dans la jurisprudence issue de 1905 et que le législateur de 2004 s'en « écarte ». Or c'est l'appui de la Ligue à cet avis et son opposition à la loi de 2004[38] qui l'ont nettement différenciée d'autres

37. Ce *Dictionnaire* comporte des articles sérieux et documentés (outre les deux articles cités, Anticléricalisme, Morale laïque, etc.) ou enrichissant le débat (Islam, Mondialisation et pensée unique, etc.), d'autres sont pauvres (l'article Clemenceau ne mentionne pas ses discours de 1903 et 1905 – cités dans ce livre, l'article Sexualité ne dit rien des conflits politico-religieux sur les lois laïcisant les mœurs, etc.).

38. Lors de sa déposition à la Commission Stasi (2003), la Libre pensée s'est également déclarée « contre une nouvelle loi sur la laïcité ».

organisations laïques. Cette opposition perdure aujourd'hui sur des problèmes concernant l'espace public.

Les années 1980 et les initiatives de la Ligue

La Ligue s'est singularisée dans le camp laïque dès son congrès de 1982. Alors, le ministre de l'Éducation nationale Alain Savary tente une intégration souple des écoles privées sous contrat dans le service public; cela suscite chez des laïques la crainte d'une trop grande « ouverture ». Le secrétaire général de la Ligue, Georges Davezac, affirme en revanche : « La laïcité aujourd'hui, c'est le lieu de la diversité [...] l'universel ne peut passer que par la reconnaissance du droit aux différences ». L'école laïque doit donc permettre « la prise en compte des différences ». La résolution adoptée propose d'élargir le « champ des connaissances [dispensées par l'école] sans exclusive, incluant les idéologies, les philosophies, les religions ». C'est une première formulation de ce qui sera appelé ensuite « l'enseignement laïque du fait religieux ». La Ligue va développer l'idée que l'universel n'est pas un acquis (il est alors confisqué par l'Occident) mais un « projet » auquel concourent différentes cultures, chacune comportant une « part d'universel ».

Après l'échec d'Alain Savary, la Ligue prend de nouvelles initiatives. Elle en appelle au passé fondateur (Gauthier & Nicolet, 1987), contre la réduction de la laïcité au seul problème école publique-école privée : « Nous refusons de nous entêter dans la stratégie mise en échec ces trente dernières années. » L'école publique elle-même doit être transformée. Pour opérer un renouveau, la Ligue entame un dialogue avec des intellectuels de toutes convictions (Gauthier, 1985;

Collectif, 1987), crée dans ce but les Cercles Condorcet[39] et propose de débattre sur un champ d'action élargi. Ces initiatives se coordonnent dans un programme audacieux : « Une laïcité pour l'an 2000 : démocratie et solidarité. »

La Ligue a décidé de faire cavalier seul. Certaines de ses initiatives troublent d'autres laïques : la mise en question des « cléricatures civiles » : « experts abusifs, grands corps de l'État imbus de leurs privilèges, patrons de droit divin » ; l'attention portée aux problèmes économiques et sociaux (« Les sermons de carême sont moins dangereux que les cours de la bourse ou les décisions du FMI ») ; une ouverture aux cultures et aux langues minoritaires[40] (prise en compte d'une dimension collective de la liberté), jointe à un questionnement général sur le lien « citoyenneté, nationalité, identité culturelle » à l'heure de l'Europe, des migrations du sud vers le nord et de la revendication d'une libre circulation des êtres humains et des idées. En outre, une résolution du congrès de 1986 décide d'entreprendre un dialogue « avec toutes les Églises, religions, convictions ». Il n'existe pas alors de focalisation sur l'islam. C'est encore le catholicisme qui se trouve dans la ligne de mire de bien des laïques. Or, mettant en acte la décision de son mouvement, Michel Morineau, secrétaire national, s'adresse, en novembre 1988, à 1 500 animateurs d'aumôneries catholiques des lycées et collèges. Certains considèrent que la ligne rouge a été franchie et leurs réactions rappellent un peu l'accusation de « socialisme papalin » lancée contre Aristide Briand et Jean Jaurès.

39. Dont le degré de réussite sera inégal. À l'actif de l'un d'entre eux, les « Entretiens d'Auxerre » réunissant, depuis 2002, chaque année, plusieurs centaines de participants.

40. Ce point sera théorisé par Philippe Lazar (2003) d'une manière qui déconnecte la culture de l'ethnicité.

De vives tensions après l'affaire des foulards

L'affaire des foulards de Creil et ses suites augmentent encore les tensions. Elle provoque un choc dans la mouvance laïque où l'on s'engage dans les deux camps : des amitiés sont brutalement rompues, des couples se séparent. La Ligue de l'enseignement et le Grand Orient de France (GODF) prennent des positions divergentes. Le GODF affirme : « toute affirmation militante de croyances – ou des non croyances – religieuses dans le cadre des institutions gérées par l'État, doit être prohibée. Cela vaut pour chacun d'entre nous, qu'il soit fonctionnaire ou utilisateur du service public », ce qui va bien au-delà de la jurisprudence en matière de *neutralité* religieuse. Il organise, en novembre 1990, des Assises de la laïcité contre « le retour des obscurantismes, l'obstination des clergés à s'immiscer dans la vie politique, sociale et morale, la banalisation de l'intolérance ». Et pour « la laïcité [...], cœur d'un humanisme moderne, porteur de démocratie pour les citoyens de la république, comme pour ceux de la république universelle » (Kessel, *Humanisme*, octobre 1990). Au même moment, la Ligue réplique par les Assises de la « laïcité plurielle », qui fait de la laïcité le fondement d'un pluralisme culturel. Son secrétaire général, Jean-Louis Rollot indique : le « programme laïcité plurielle [...] choisit la culture de la question contre le dogme, le mouvement contre l'immobilisme, la solidarité contre les nationalismes ». Ceux qui ne suivent pas la démarche de la Ligue sont donc suspects de dogmatisme, d'immobilisme et de nationalisme.

La tension atteint un maximum. En février 1991, *Informations laïques*, le bulletin du GODF, publie un article intitulé « Main basse sur la laïcité ». Il dénonce ceux qui veulent « réintroduire l'enseignement religieux » à l'école publique, accroître les « subventions » aux écoles privées, subventionner « la construction de lieux de culte », « étendre à toute la France le régime concordataire d'Alsace-Moselle», «renégocier la loi de 1905», etc., et affirme: «Voilà à quoi mènerait la "nouvelle laïcité plurielle" prétendue "ouverte sur l'an 2000".» Sans être citée, la Ligue est clairement visée et réagit: c'est de la «désinformation». Les changements prônés par la Ligue symbolisent, dans cette perspective, toutes les menaces ressenties d'affaiblissement de la laïcité[41].

Des maçons protestent contre ce texte, mais la Ligue elle-même est loin d'être unanime et, après un débat interne, il est convenu que la formule «laïcité plurielle» est ambiguë. Elle risque de rendre «équivalents la culture et le droit», alors que «la liberté de l'une procède nécessairement de l'existence de l'autre». L'expression est donc rapidement abandonnée[42], ce qui n'empêche pas que le reproche continue d'en être fait à la Ligue[43]. Lors de la Commission Stasi, la Ligue formulera ainsi sa position: «Nous vivons dans une société plurielle; la fonction de la laïcité n'est pas de produire de la conformité [...]. Elle doit assurer à chacun une égalité de droits, dans le cadre d'un ordre public démocratiquement fixé.» S'il n'existe pas un «droit à la différence», la «diversité est un bien qu'il faut préserver et encourager».

41. Sur la logique des positions du GODF cf. p. 152. Comme ceux de la Libre pensée et de la Ligue, les membres du GODF se rattachent à plusieurs types de laïcités.

42. Autre évolution dans le même sens, en 2000, la Commission Islam et Laïcité sera transférée de la Ligue de l'enseignement à la Ligue des droits de l'homme avant de devenir une instance autonome.

43. Ainsi, Jean-Michel Quillardet (2011: 17) indique: les «tenants de la laïcité positive, plurielle ou [...] ouverte [...] ont fait beaucoup de mal au modèle laïque républicain». L'ex-laïcité plurielle de la Ligue est rapprochée de la «laïcité positive» de Nicolas Sarkozy.

Le positionnement actuel de la Ligue

La Ligue se prononce alors contre ce qui deviendra la loi de mars 2004 mais, celle-ci votée, elle ne réclame pas son abrogation. Quand la Commission Machelon propose une aide directe des collectivités publiques pour financer des édifices du culte pour ceux qui en manquent (musulmans, protestants évangéliques), la Ligue s'oppose à ce projet, en affirmant que « des solutions existent [...] comme le recours à des baux emphytéotiques administratifs [...] ou la garantie d'emprunts ». Ces solutions peuvent être « améliorées, mieux encadrées, mieux assurées juridiquement » (*Les Idées en mouvement*, novembre 2006).

Vouée à l'éducation populaire, la Ligue développe un site Internet sans équivalent[44], centre de ressources sur la laïcité où elle donne des informations et explicite ses positions. La perspective d'ensemble consiste à « résister » à la « dérive » d'une laïcité « instrumentalisée pour brider l'expression publique des religions, de l'une d'entre elles en particulier, de manière *discriminante* » sans être « laxiste face à des revendications ou des comportements inacceptables ». Cette ligne de crête « n'est pas simple », mais, affirme-t-elle, c'est celle « que nous devons tenir ».

Association socioculturelle de masse (elle revendique près d'un million d'adhérents regroupés dans 30 000 associations locales), la Ligue veut pratiquer, en interne, une « éthique du débat ». Sa direction admet que, dans ses rangs, il existe des personnes pour qui « *la liberté de conscience* n'existe véritablement que si elle est libérée de l'influence religieuse », et d'autres qui « estiment que l'émancipation des personnes nécessite d'encadrer l'expression publique des religions », à côté de celles qui « font le pari de la liberté ». Après avoir

44. Laicite-laligue.org.

critiqué les deux premiers courants (proches des laïcités antireligieuse et gallicane), elle reconnaît que la troisième approche peut « parfois [...] entraîner une faiblesse de réactions » face à certaines revendications. Elle ajoute cependant : « mais elle s'inscrit dans la tradition de Jaurès et de Briand et elle a fait la preuve de son efficacité » (La Ligue, 2012). Le quatrième type de laïcité prédomine dans cette organisation, il n'est pas forcément consensuel. L'audace dont elle a fait preuve entre 1985 et 1990 s'est avérée trop conflictuelle pour qu'elle continue sur cette lancée. Certains cadres intermédiaires se sont situés nettement en retrait. Être dans la lignée d'Aristide Briand et de Jean Jaurès nécessiterait pourtant de se montrer aussi inventif et novateur face aux problèmes actuels qu'ils le furent face à ceux de leur époque. Une telle optique impliquerait, sans doute, un positionnement de franc-tireur extrêmement difficile à assumer pour cette organisation.

Le noyau dur des laïcités séparatistes

Les deux laïcités séparatistes se distinguent des autres types de laïcité par leur attention portée à la législation laïque. Elles insistent, toutes les deux, de façon précise, sur la *séparation* de 1905 et la *neutralité* de la puissance publique qu'elle instaure, dans une dialectique liberté-non officialité ; elles n'en ont pas la même interprétation, l'une est stricte, l'autre plus inclusive. De même la *liberté de conscience* et la *non-discrimination* sont dues à l'individu-citoyen dans le premier cas, peuvent intégrer une dimension collective dans le second, plus souple sur les conditions concrètes de leur réalisation.

Les nouvelles laïcités

Cinquième type de laïcité : la laïcité ouverte

Contrairement à d'autres types de laïcité, l'expression de « laïcité ouverte » est socialement utilisée et récusée. Ainsi, pour Henri Peña-Ruiz (*Libération*, 23 avril 2012), parler de laïcité ouverte constitue une « insulte à la laïcité », car ce serait supposer qu'elle peut être fermée. On pourrait citer nombre d'affirmations équivalentes. L'outrance du propos, sa répétition stéréotypée montre que l'expression « laïcité ouverte » est considérée par ses adversaires comme une sorte de blasphème. On ne saurait concevoir la laïcité que d'une seule manière. Or il a toujours existé des représentations divergentes de la laïcité, comme de la république, de la démocratie, des droits de l'homme, etc.

Dénégation et revendication de la « laïcité ouverte » font système. En effet, l'expression « laïcité ouverte » a toujours été, dans ses différents sens, une expression réactive, contestant la laïcité dominante d'un temps, perçue comme « laïcarde ».

La « laïcité ouverte » chez Paul Ricœur et dans les MJC

L'émergence du terme est liée au maintien de la querelle scolaire après 1905. Ce n'est plus un conflit frontal, telle la « guerre des deux France » (Poulat, 1987), mais un terrain où des militants des deux bords continuent à s'opposer. De façon récurrente, des laïques gallicans souhaitent réaliser le monopole de l'État sur l'enseignement, d'autant plus que s'enclenche, avec les lois Barangé-Marie (1951), un processus de subventionnement public des écoles privées. Dans ce contexte, le philosophe Paul Ricœur (1913-2005), fervent laïque depuis sa jeunesse[45], utilise l'expression de « laïcité ouverte » pour prendre ses distances avec les partisans du monopole. Selon lui, dans la tradition française « issue du jacobinisme », l'État et la Nation sont implicitement confondus.

Parler de « laïcité ouverte » chez Paul Ricœur signifie nationaliser les écoles privées sans les « étatiser ». Une unification des deux enseignements s'effectuerait au profit d'une école laïque administrée par des représentants de l'État, des enseignants et des parents d'élèves. Cette « école nationale » mettrait fin au caractère confessionnel de l'enseignement public en Alsace-Moselle. L'école serait « *neutre* », transmettrait le « savoir acquis », inclurait une « laïcité de foisonnement », par l'écho des confrontations qui « coopèrent au mouvement de la culture ». Elle serait donc « ouverte » sur les débats de la société civile. « Rassembleuse », cette école pourrait « exiger des crédits, échapper aux luttes politiques mesquines et réaliser la grande réforme de l'enseignement qui la sauverait de l'asphyxie »[46].

L'expression « laïcité ouverte » indique donc une solution mettant fin au dualisme scolaire et au statut particulier de l'Alsace-Moselle, par une victoire accommodante de l'école publique laïque, plus autonome face à l'État. On ne sait si cette solution pouvait prévaloir. Il est sûr, en revanche, que sa non prise en considération a facilité la perpétuation du

45. Son premier article sur le sujet, « Socialisme et laïcité », fut publié dans *Le Rappel du Morbihan* (3 juin 1939).

46. Paul Ricœur a exprimé cette position dans différents articles et conférences.

régime alsacien-mosellan et les échecs du camp laïque, de la loi Debré de 1959 à la déroute de 1984.

Une autre origine de cette expression a été étudiée par Laurent Besse (2007). Il s'agit de son emploi dans les Maisons des jeunes et de la culture, créés par le militant socialiste André Philip après la guerre de 1939-1945. En 1950, cette organisation se présente ainsi : « la MJC est laïque, ouverte à tous ». Selon Laurent Besse, l'expression « laïcité ouverte » va résulter du rapprochement de ces deux caractéristiques. On la retrouve dans des brochures. Pour André Philip, il s'agit d'une « laïcité positive qui accepte la confrontation loyale et fraternelle des idées et des doctrines » *versus* la « laïcité négative de l'école [publique] où rien de ce qui divise ne doit être consigné ».

L'expression « laïcité ouverte » dans les années 1980

Au moment de la tentative d'Alain Savary d'en finir avec le dualisme scolaire, l'expression est reprise. Ainsi la Fédération protestante de France (1982) affirme son « attachement à la laïcité » tout en plaidant « pour une laïcité ouverte qui ne soit entachée d'aucun sectarisme, clérical ou anticlérical ». Il s'agit d'effectuer « une réforme d'ensemble » pour « rendre l'école à la nation ». Les influences de Paul Ricœur et d'André Philip se font sentir. Et, après l'échec d'Alain Savary, en 1984, le terme « laïcité ouverte » se retrouve dans des écrits divers : il s'agit, pour recrédibiliser la laïcité, d'affirmer qu'existe une autre laïcité que celle qui, en surenchérissant sur le projet du ministre[47], a abouti à un échec.

47. Cf. p. 105.

En 1989, cinq personnalités[48] publient une réponse au manifeste « Profs, ne capitulons pas ». Ils l'intitulent *« Pour une laïcité ouverte »* (*Politis*, 9 novembre 1989). À l'accusation de « Munich de l'école républicaine » s'oppose celle du risque d'un « Vichy de l'intégration ». Des deux côtés, la symbolique la plus inflationniste se trouve mobilisée. À une laïcité qui « craindrait par-dessus tout les différences », ces intellectuels veulent opposer « celle, plus ouverte », qui s'élèverait « au-dessus des particularismes dans le respect de ceux-ci. Une laïcité conquérante qui offrirait à chacun les conditions objectives d'un choix individuel à son rythme. » Ils reprochent au manifeste de ne pas comprendre que « le sentiment d'exclusion est en train de grandir dans la communauté maghrébine ». Ils avertissent : « L'exclusion fait le lit de l'intégrisme et celui du Front national. »

Contrairement aux « philosophes républicains » qui partagent la même vision de l'école, ces personnalités, et d'autres qui contestent également la teneur du manifeste, n'ont en commun aucun corpus doctrinal structuré. En fait, ils s'intéressent davantage à l'intégration des immigrés qu'à la laïcité. D'autre part, l'avis du Conseil d'État allant dans leur sens, ils n'ont pas de raison de poursuivre une lutte commune. Pourtant, s'ils gagnent (pour quinze ans) le combat politico-juridique, ils perdent la bataille médiatique et idéologique : raisonnant dans une logique quantitativiste, les médias dominants estiment plus laïque de vouloir interdire le foulard que de le tolérer sans l'approuver pour autant. D'ailleurs, cette dernière position oblige à penser deux idées en même temps ce qui, pour certains médias, est un peu compliqué.

48. Il s'agit de Joëlle Brunerie-Kauffmann, Harlem Désir, René Dumont, Gilles Perrault et Alain Touraine.

La laïcité ouverte, des usages sociaux à une utilisation sociologique

Actuellement, il existe trois usages sociaux distincts de l'expression « laïcité ouverte ». Le premier, stigmatisant, provient de ceux qui s'opposent à la qualification de la laïcité. Le second usage est celui de journalistes et essayistes qui estiment qu'il n'existe que deux conceptions de la laïcité : celle des « laïcards » et celle de tous ceux qui, en désaccord avec ces derniers, seraient, en conséquence, des partisans de la « laïcité ouverte ». Enfin, surtout dans des milieux « croyants »[49], certains revendiquent l'expression.

Le sociologue prend en considération les usages sociaux, sans les prendre pour argent comptant. Il tente de préciser les termes qu'il emploie, veille à la cohérence interne de son argumentation. Cela induit deux conséquences. D'abord, pour l'ensemble du livre, il était impossible de se soumettre au diktat de ceux qui condamnent toute qualification de la laïcité[50]. Un sociologue ne peut travailler sans qualifier son objet d'étude. Il ne se situe pas, d'ailleurs, dans la même perspective que les acteurs sociaux. Ensuite, pour ce chapitre, il fallait distinguer un idéal-type de la « laïcité ouverte » des six autres, et donc le restreindre par rapport à son usage social.

En conséquence, que les acteurs utilisent ou non l'expression (précision essentielle), j'appelle « laïcité ouverte » un type de laïcité, généralement adopté par des groupes ou des

49. Ce terme nécessite des guillemets : si socialement le mot « croyant » est synonyme d'adepte d'une religion, d'un point de vue sociologique, personne ne vit en dehors d'univers de croyances.

50. Sans pour autant tenir cette position, le *Dictionnaire de la Laïcité* parle de « laïcité républicaine à la française » et de « laïcité toute nue » (Cerf & Horwitz, 2011 : 17, 21) et Régis Debray (2002 : 43) prône « une laïcité d'intelligence ».

individus[51] se réclamant d'une religion, qui s'oppose aux trois premiers types et qui privilégie, dans le quatrième, les aspects « d'ouverture » envers les religions. Quand nous aborderons la laïcité identitaire, plus politique, nous verrons ce qui la différencie de la laïcité ouverte. Quant à la laïcité « concordataire », elle est spécifique à l'Alsace-Moselle.

L'acquiescement catholique à la laïcité en 1945

Arrêtons-nous sur la Déclaration de l'épiscopat français de novembre 1945 (cf. Lequin, 1994 : 272), texte important, peu connu, et qui, au-delà du vocabulaire d'époque, peut en partie constituer l'idéal-type de la laïcité ouverte, dans ses convergences et ses divergences avec les laïcités historiques.

Quatre sens sont donnés à l'expression « laïcité de l'État ». Le premier, approuvé, est « la souveraine autonomie de l'État dans son domaine de l'ordre temporel, son droit de régir tout seul l'organisation politique, judiciaire, administrative, fiscale, militaire de la société temporelle ». Les évêques condamnent le « cléricalisme [...], immixtion du clergé dans le domaine politique de l'État », tendance d'« une société spirituelle à se servir des pouvoirs publics pour satisfaire sa volonté de domination ». Seconde acception agréée : l'idée que « l'État doit laisser chaque citoyen pratiquer librement sa religion ». Bien avant le Concile de Vatican II, les évêques français affirment : « L'Église [catholique] veut que l'acte de foi soit fait librement » et déclarent que cette Église « demande simplement [sa] liberté pour accomplir sa mission spirituelle et sociale ».

51. L'idéal-type, dans sa « pureté », se trouvera plutôt dans des discours d'autorités religieuses, de clercs ; les laïcs (au sens de non-clercs) pouvant s'y rattacher de façon plus ou moins critique.

Ce double accord constitue un tournant. Ministre chrétien-démocrate du gouvernement, Maurice Schumann paraphrase les évêques à la Chambre des députés, dans un discours où il approuve, au nom du MRP, en 1946, le projet d'inscription de la laïcité dans la Constitution (proposé par les communistes). Quarante ans après, le pari effectué par Jean Jaurès est réussi. Cela ne signifie nullement une interprétation consensuelle de la laïcité.

Deux autres usages de l'expression « laïcité de l'État » sont rejetés par l'épiscopat. Le premier en fait « une doctrine philosophique [comportant] une conception matérialiste et athée de la vie humaine » que l'État imposerait « aux fonctionnaires jusque dans leur vie privée » et à « la nation toute entière ». Le propos n'est pas étonnant, surtout dans le contexte d'alors : Parti communiste au gouvernement, persécutions religieuses en URSS. Mais les évêques ajoutent que « l'État a pour mission d'assurer le bien commun » dont un élément constitutif est « l'influence bienfaisante de la religion sur les consciences individuelles [...], les familles [...], la société ». On trouve là une idée récurrente aux diverses tendances de la laïcité ouverte : l'importance, pour l'État, de l'utilité sociale de la religion. Cela va plus loin que le refus d'un État athée, c'est estimer que l'existence de religions constitue une bonne chose pour l'État et limite parfois de fait sa *neutralité*.

Le second usage désavoué est « la volonté de l'État de ne se soumettre à aucune morale supérieure et de ne reconnaître que son intérêt comme règle de son action ». Les évêques récusent l'idée qu'une loi « votée par une majorité » soit « nécessairement juste et s'impose à l'obéissance des citoyens : il faut qu'elle [...] ne contienne rien de contraire à la loi naturelle ». Et ils concluent : « La loi naturelle [...] se fonde sur la nature même de l'homme, et c'est là que la raison la découvre. Les grands philosophes de l'antiquité la reconnaissaient, et elle s'impose à tous les hommes, quelles que soient leurs croyances religieuses. » Certes, il existe des situations d'objection de conscience, de « désobéissance civique ». Cependant, le propos épiscopal va plus loin. Qui interprète, de fait, cette « loi de Dieu » s'imposant à tout humain ? L'Église catholique en sa hiérarchie. Cela signifie que cette religion se donne le droit d'édicter des règles morales « supérieures » aux décisions de la société politique et juridique, concernant femmes et hommes « quelles que soient leurs croyances ». Cette position, dans certains cas, limite fortement la *séparation*. Bien que rejeté, le « cléricalisme » peut ainsi réapparaître.

« Le caractère positif de la laïcité » : le « Rapport Dagens »

Le conflit concernant le « mariage pour tous » (2013) montre que la doctrine de l'Église catholique sur la « loi naturelle » n'a pas changé. En revanche, elle peut s'en réclamer explicitement ou la passer sous silence. Le texte épiscopal représentatif d'une laïcité ouverte, la plus ouverte possible à la laïcité issue de 1905, est la « Lettre aux catholiques de France » envoyée, en 1996, par les Évêques de France (2012), appelée le « Rapport Dagens », du nom de son rédacteur. Son ouverture se marque de trois façons. D'abord, si « le lien entre la foi et la morale » est considéré comme « constitutif de l'expérience chrétienne », rien n'est dit sur une prétention, *via* l'invocation de la loi naturelle, à vouloir que l'ensemble de la société respecte cette morale.

La seconde ouverture est l'appel à l'inclusion des catholiques dans la laïcité, à une réconciliation dynamique. Les catholiques sont « des citoyens qui [...] respectent la laïcité constitutive » de la société, tout en y manifestant « la vitalité de leur foi ». Il faut « surmonter les ressentiments » issus des « affrontements parfois violents entre la tradition catholique et la tradition laïque » pour percevoir les « valeurs communes » :

« souci de la justice pour tous », « sens de la droiture dans les comportements personnels et sociaux ».

Enfin, « pour donner corps et visibilité sociale » à son message, notamment, la « préférence évangélique pour les pauvres et les exclus », l'Église catholique dispose d'organismes (institutions de santé et d'enseignement, mouvements éducatifs et caritatifs). Mais la Lettre récuse « la prétention de régenter notre société » : « nous nous réjouissons sans arrière-pensée lorsque notre société peut assumer elle-même toutes les fonctions nécessaires à la vie en commun. » Et les évêques invitent alors les catholiques « à prendre leur part de service, comme les autres citoyens, au sein des institutions publiques ».

Selon ce texte, de telles affirmations visent « à reconnaître le caractère positif de la laïcité [...] telle qu'elle est devenue [...] : un cadre institutionnel et, en même temps, un état d'esprit qui aide à reconnaître la réalité du fait religieux ». C'est sans doute ce passage qui a inspiré à Nicolas Sarkozy l'expression de « laïcité positive », plus dépréciative à l'égard de la laïcité de 1905 que la Lettre épiscopale.

Judaïsme : une laïcité ouverte à l'orthopraxie

Qu'en est-il d'autres religions qui n'invoquent pas une « loi naturelle »? Exposons brièvement quelques points de vue. Pour le judaïsme, Haïm Korsia (2005) reprend une expression de Régis Debray et réclame « une laïcité intelligente ». Plus encore que « la *neutralité* de l'État en matière religieuse », la laïcité est « ce qui rend possible la pluralité des opinions et des valeurs ». Elle doit donc être particulièrement attentive à la liberté religieuse, « partie intégrante de la *liberté de conscience* » mais « plus haute et plus grave » que cette dernière, car elle relie l'homme à Dieu, autorité transcendante et sacrée que nul pouvoir humain ne peut soumettre ».

Haïm Korsia insiste : cette liberté « suppose la libre expression d'une communauté de croyants et la liberté réelle de pratique ». Il donne deux exemples d'orthopraxie concernant sa religion. La question des examens le samedi, « jour où un juif ne peut ni écrire ni travailler ». La recrudescence des portes à ouvertures électriques « qui interdisent à un juif religieux d'entrer ou de sortir de chez lui le samedi ». De façon plus générale, Haïm Korsia souhaite une « solution moderne où les formes de soutien de la part de l'État à toutes les confessions religieuses qui contribuent clairement au bien commun » seront considérées « comme des droits démocratiques ». On est dans l'optique de l'utilité sociale pour l'État de certaines religions et cette logique induit d'effectuer des *distinguos* entre religions, et de minorer les convictions non religieuses, pouvant partiellement atteindre *l'égalité des droits*.

Protestantisme : des aménagements pour la FPF

La grande majorité des protestants français sont regroupés dans deux ensembles : le Conseil national des évangéliques de France (CNEF) et la Fédération protestante de France (FPF). Le CNEF (2013) rappelle que les protestants évangéliques ont été favorables à la loi de 1905 dès sa promulgation et s'en montrent toujours « extrêmement reconnaissants ». La laïcité, pour le CNEF, « n'a pas besoin d'un qualificatif » si elle reconnaît « la liberté de vivre sa foi, sereinement mais fièrement, dans le respect des autres religions et de ceux qui n'en n'ont pas ». Mais les évangéliques, en butte au gallicanisme de certains agents publics, ajoutent que, souvent, les libertés, telle la *liberté de conscience*, « semblent malmenées voire bafouées ». Ils appellent leurs membres « à ne pas négliger les procédures judiciaires quand tout autre recours est sans résultat ». Surtout, sur d'autres fondements que l'Église catholique, ils se sont également opposés au mariage pour tous.

En 2005, la Fédération protestante de France réclame une modification de la loi de 1905. Il s'agit d'un « toilettage », sauf sur un point : la FPF demande que les associations cultuelles ne soient plus astreintes à avoir « exclusivement pour objet l'exercice d'un culte » (article 19), mais seulement à avoir « principalement pour objet » cet exercice. Il s'agit de pouvoir intégrer les activités de « bienfaisance » des paroisses. Cette revendication s'explique parce que la FPF est l'organisation religieuse qui applique le plus rigoureusement la loi de séparation[52] et subit parfois une interprétation restrictive des pouvoirs publics. Cependant, elle ouvre la porte à des activités commerciales qui prendraient le masque de la religion. Actuellement, la Fédération dit combattre une « dérive » : le glissement de la *séparation* Églises-État à la *séparation* société-religions, ces dernières « étant alors invitées à se recroqueviller dans la sphère privée de l'intimité ». *L'égalité des citoyens* ne serait pas respectée. Certains seraient « exclus de l'espace public [...] ouvert aux militants de toutes les philosophies ».

Le CFCM et « l'islam compatible avec les lois de la République »

Le Conseil français du Culte musulman (CFCM), « la seule institution qui, même si elle est contestée, est en droit de s'exprimer au nom du culte musulman et de ses divers courants » (Morineau, 2014 : 40), publie en juin 2014 une « Convention citoyenne des musulmans de France pour le vivre-ensemble » que la plupart des médias ont peu répercutée. À l'encontre

52. Ainsi l'Église catholique, suite à son refus de former des associations cultuelles, bénéficie des lois prises en 1907-1908 et de l'accord de 1923-1924 qui lui a permis de former des « associations diocésaines » (cf. p. 69).

d'un certain discours politico-médiatique, ce texte proclame : « L'islam est parfaitement compatible avec les lois de la République. Nul besoin de texte nouveau, d'adaptation législative ou d'évolution jurisprudentielle. » Ce document s'affirme attaché à la *liberté de conscience* (« liberté de croire ou de ne pas croire »). Souhaitant *l'égalité des citoyens*, il déclare : « le musulman est d'abord un citoyen. Il affirme ou non, ensuite, son appartenance religieuse », et refuse que les musulmans aient « une citoyenneté de seconde zone ». Il prône une « contextualisation » de l'interprétation de l'islam « dans le temps et dans l'espace » (*Ijtihad*) et un « ajustement de son application » dans une société « en perpétuel développement et transformation ».

Ce positionnement a des conséquences pratiques : le port du voile est considéré comme « une prescription religieuse », la loi de 2004 est une « injustice », mais elle est la loi et doit être « respectée ». De plus, le CFCM insiste sur son « opposition » au port du voile intégral. Les actes médicaux ne peuvent être refusés. L'abattage spécifique des animaux pour que la viande soit *halal* « doit être rapide pour être le moins douloureux possible ». Le Conseil « veille à ce que les conflits des pays étrangers ne soit pas importés sur le territoire » français et interprète le *Jihâd* comme « l'effort sur soi-même en accomplissant le bien ». Il se montre « inquiet [de] l'attractivité des thèses radicales auprès d'une fraction de la jeunesse [...] confrontée à des injustices et inégalités » et condamne « toute menée subversive, terroriste ou criminelle ». En analogie avec le Rapport Dagens, il laisse de côté des sujets qui fâchent comme le droit à l'apostasie. Et si « l'égalité homme-femme » est proclamée, le passage sur « les tenues vestimentaires » ne parle que des musulmanes.

Avec ses limites, ce document constitue « une avancée incontestable » qui vaudra surtout « par l'usage qui en sera fait» (Morineau, 2014). La création du CFCM, en 2003, se rattachait en partie à la laïcité gallicane par l'importance de l'engagement de l'État, mais a également permis, en conformité avec l'article 2 de la loi de 1905, la création de trois aumôneries musulmanes (armée, hôpitaux, prisons). Elles sont encore insuffisantes, mais le processus est enclenché.

Le noyau dur de la laïcité ouverte

L'ambiguïté de la laïcité ouverte s'est explicitement manifestée dans le conflit concernant le mariage pour tous (2013). Face à ceux qui combattaient toute prise de position publique d'autorités religieuses, des croyants répliquèrent que leur religion « avait bien le droit de dire son avis ». Certes, la liberté d'expression dans l'espace public est juridiquement la même pour tous. Cependant, deux remarques peuvent être faites. D'une part, refuser, pour des motifs religieux, une loi portant sur les mœurs signifie, au moins implicitement, le souhait de voir imposer sa propre conception de l'éthique à l'ensemble de la société. D'autre part, une frontière existe entre exprimer son désaccord et affirmer que, même votée et déclarée conforme à la Constitution, la loi sera de toute façon illégitime. Des autorités catholiques n'avaient pas franchi cette frontière lors de la loi libéralisant l'avortement. Cette fois, elles l'ont fait (Béraud & Portier, 2015).

Chaque acteur social défend ses intérêts (idéels et matériels) propres. La laïcité ouverte comporte l'idée, implicite ou explicite, qu'un État laïque a tout intérêt à reconnaître une certaine « utilité sociale » de la religion. Cela induit que, sans nier le droit de ne pas croire, elle se préoccupe essentiellement de la liberté religieuse en ce qui concerne la *liberté de conscience*. De plus, cette demande de reconnaissance par l'État peut être une façon d'espérer limiter la sécularisation grâce à une laïcité où existerait une collaboration entre puissance publique et autorités religieuses. Cela revient à établir une confusion entre laïcité et sécularisation, du même ordre (même si son objectif est inverse) que les laïcités antireligieuse et gallicane.

Que des croyants soient persuadés que leur religion est socialement utile, certes. Mais le souhait de faire reconnaître cette utilité sociale par l'État peut induire une certaine *inégalité* entre les citoyens (les « croyants » étant plus utiles à l'État que les autres) et amener des limitations à la *neutralité* et à la *séparation*. Ceci indiqué, les accentuations de la laïcité ouverte étant essentiellement réactives, elles peuvent être minorées dans certaines situations. D'ailleurs, elles sont plus ou moins importantes suivant les tendances de ce courant.

Sixième type de laïcité : la laïcité identitaire

Selon le Conseil d'État (2004 : 393), en France, la « laïcité [existe] sur fond de catholicisme ». Le maintien, dans la loi de 1905, de fêtes catholiques[53] comme jours fériés chômés en constitue un exemple. Tournant le dos à l'optique révolutionnaire, une grande majorité de députés repoussèrent un changement du calendrier. Cependant, la nouveauté majeure de 1905 consista à enlever tout caractère officiel aux cultes reconnus, à signifier ainsi que l'identité politique de la France n'a aucune dimension religieuse. Ceux qui insistaient sur son enracinement chrétien (certes pas, à l'époque, judéo-chrétien !) étaient tous partisans du maintien du Concordat. Si plusieurs passages de la loi furent adoptés avec l'apport d'une partie de la droite, lors du vote final, les deux camps se reconstituèrent : la gauche et le centre gauche l'adoptèrent (341 voix), la droite la refusa (233 voix). Laïcité ouvertement de droite, la laïcité identitaire est une nouvelle laïcité.

53. À la fois fêtes communes au christianisme (Noël, etc.) et fêtes spécifiquement catholiques (la Toussaint, le 15 août).

La laïcité historique : marqueur de la gauche

Le glissement de la laïcité vers la droite a pris un siècle. Avec la persistance d'un conflit sur l'école, la laïcité est restée un bien symbolique de la gauche, même si son fonctionnement juridico-politique était devenu la règle commune. L'établissement de la Ve République, en 1958, est typique de cette ambivalence. Constitutionnellement, la République et, particulièrement, l'école publique[54] sont laïques. Pourtant une grande figure de la militance laïque, Jean Cornec titre un chapitre de son livre *Laïcité* : « Vichy sous de Gaulle » (1965 : 271).

Le dissensus porte sur l'attribution de fonds publics aux écoles privées. La loi Debré (1959) établit la possibilité de contrat entre les établissements privés et l'État, qui accorde alors des aides financières substantielles. Pour Michel Debré, cette loi respecte la laïcité en imposant l'adoption des programmes du public et l'acceptation des élèves « sans distinction d'origine, de croyance et d'opinion », dans le respect de « la *liberté de conscience* ». Cependant, les établissements conservent leur « caractère propre », presque toujours confessionnel (Boussinesq, 1994 : 124). Pour les laïques militants, une grave atteinte est portée à l'article 2 de la loi de 1905 qui interdit le financement public des religions[55]. Une grande manifestation regroupe plus de quatre cent mille personnes qui font le serment d'abroger cette loi.

Dès ce moment-là, il existe, de fait, une interprétation « gaulliste » de la laïcité divergente de celle qui prédomine dans les laïcités historiques. Telle n'est pas, cependant, la

54. « L'organisation d'un enseignement public gratuit et laïque [...] est un devoir de l'État » indique le Préambule de 1946, repris en 1958.

55. Il est effectué une lecture extensive de cette loi qui ne concerne pas le domaine scolaire.

perception sociale : « un débat passionné semble concentrer sur la seule école privée toute la réflexion sur la laïcité » (*Id.* : 122). Les lois établissant le droit à la contraception (1967) et à l'interruption volontaire de grossesse (1975), votées alors que la droite était au pouvoir, mais avec l'apport de la gauche, n'ont pas été qualifiées de lois de laïcité. Quand, en 1981, la gauche parvient au pouvoir, les deux France semblent toujours face-à-face. La gauche laïque, qui a subi des défaites, peut redresser la situation si elle se montre aussi inclusive qu'en 1905. C'est l'exercice d'équilibriste que tente Alain Savary. Mais des militants laïques veulent une revanche symbolique. Député socialiste, André Laignel, dépose trois amendements, votés par l'Assemblée nationale. Le cardinal Lustiger ne rate pas l'occasion qui lui est offerte de faire échouer la loi : il parle de « manquement à la parole donnée ». Et il gagne, après une imposante manifestation des défenseurs de l'école privée.

La fin de la laïcité comme marqueur de la gauche

Sur le plan des représentations, plus que jamais, la laïcité et la gauche (perdante) ont partie liée, alors que la droite (gagnante) apparaît antilaïque. Cependant la pérennisation de la loi Debré par la gauche au pouvoir change la donne. Lors de la première affaire de foulard, « La classe politique [est] divisée sur l'interprétation de la laïcité » titre *Le Monde* (31 octobre 1989). Deux gauches, soudain adversaires, se réclament toutes deux de la laïcité tandis qu'une partie de la droite commence à l'invoquer face à l'islam.

Globalement terminée, l'historique querelle scolaire n'est pas tout à fait finie. Les deux camps se ressoudent début 1994 quand la droite, au pouvoir dans un contexte de cohabitation, veut mettre fin aux dispositions de la loi Falloux qui n'autorisent le financement des investissements des écoles secondaires privées qu'à la hauteur de 10 %. En janvier, une manifestation de la gauche laïque réplique à celle de 1984. La veille, le Conseil constitutionnel a invalidé la disposition controversée tout en rendant constitutionnel le financement public d'établissements privés.

François Bayrou, ministre de l'Éducation nationale et instigateur de la tentative de révision de la loi Falloux, veut apparaître comme « laïque »[56]. Or une équivalence est souvent faite entre laïcité et interdiction du foulard à l'école, d'autant plus qu'une guerre civile ravage l'Algérie où des islamistes veulent rendre le foulard obligatoire pour les femmes. Dans ce contexte lourd, François Bayrou impose[57] aux proviseurs un Règlement intérieur qui contourne l'avis du Conseil d'État : on glisse du port ostentatoire du foulard au foulard comme signe ostentatoire (septembre 1994). C'est la première action politique de la droite mettant en avant la laïcité. Comme l'incohérence de Lionel Jospin, elle sera contre-productive : exclues d'établissements publics, des jeunes filles qui portaient discrètement le foulard devront y être réintégrées suite aux décisions de tribunaux administratifs. Une nouvelle fois, les enseignants sont placés dans une situation impossible. Certains d'entre eux, plutôt qu'en rendre leur ministre responsable, voteront pour lui à la présidentielle de 2002. Les conditions de l'émergence d'une laïcité de droite commencent à être réunies.

56. C'est en tout cas la conviction de journalistes qui le suivaient dans ses activités ministérielles.

57. J'ai recueilli des témoignages de proviseurs qui, suite à des directives ministérielles, ont exclu des élèves portant le foulard de façon discrète alors qu'ils ne le souhaitaient pas.

La « nouvelle laïcité... identitaire » de François Baroin en 2003

On est, alors, dans le double choc des attentats du 11 septembre 2001 et de la présence du leader du FN, Jean-Marie Le Pen, au second tour de la présidentielle (mai 2002). La large victoire de Jacques Chirac, la création d'un grand parti de droite, l'UMP, incitent à un renouveau de cette famille politique. Faire de la laïcité le « projet politique de la droite de mai [2002] », tel est le but du rapport rédigé par François Baroin, vice-président du groupe UMP de l'Assemblée nationale, intitulé « Pour une nouvelle laïcité », et remis au Premier ministre Jean-Pierre Raffarin (juin 2003).

Fils d'un ancien Grand Maître du Grand Orient, François Baroin est la personne appropriée pour théoriser une laïcité de droite. Il a compris que l'opinion publique a pris conscience de la fin du conflit des deux France : « Une nette majorité » de Français pense que « le clivage entre deux France, l'une catholique et l'autre laïque, n'[est] plus pertinent. [...] L'Église catholique a fait sienne une laïcité apaisée. » L'installation dans la durée de la loi Debré n'est pas pour rien dans ce « déplacement des enjeux » où l'islam « est aujourd'hui au centre des préoccupations ». La droite peut donc s'approprier le thème « un peu mythique » de la laïcité sans heurter son électorat.

« C'est l'identité française fondée sur l'universalisme, l'égalité (en particulier entre hommes et femmes) et l'humanisme qui est en jeu » selon François Baroin. Celui-ci semble très proche de la laïcité gallicane utopique, mais il s'en éloigne en précisant qu'il s'agit d'un « humanisme libéral » constitué par deux éléments : « la laïcité et la foi en Dieu », réponses au « communautarisme » et au « matérialisme ». Cette optique aboutit à des propositions : création d'un « Conseil consultatif des Religions de France », mise en œuvre d'un « don spiritualité » au « statut fiscal particulier ». La « nouvelle laïcité » va de pair avec une identité religieuse de la France.

Devenir la figure de proue d'une nouvelle laïcité identitaire permettrait à la droite de mieux combattre le FN et la gauche. Combattre le FN (dont l'auteur n'imagine pas qu'il puisse un jour se réclamer de la laïcité) en précisant que c'est seulement « l'islam fondamentaliste » qu'il faut viser, tout en aidant « les nombreux musulmans qui souhaitent pratiquer leur culte dans la paix et la dignité ». François Baroin insiste sur les « ratés de l'intégration » et propose diverses mesures pour y remédier : « Il revient à l'actuelle majorité de créer de vraies élites républicaines issues de l'immigration. »

Il s'agit aussi de mieux combattre la gauche, empêtrée, selon François Baroin, dans sa « promotion des droits de l'homme », alors qu'il faut relier laïcité et « réhabilitation de l'autorité » : « à un certain point », affirme-t-il, « la laïcité et les droits de l'homme sont contradictoires ». La mesure phare consiste à revenir sur l'avis du Conseil d'État de 1989 et à « proscrire le port du voile dans les établissements scolaires ». Mais, vu l'aspect sensible du sujet, François Baroin indique qu'il serait bon de le déminer par « une Commission *ad hoc* ». Un mois plus tard, ce sera la « Commission Stasi » (Baubérot, 2011).

Laïcité républicaine ou développement d'une laïcité anti-immigrés

Cette Commission propose vingt-six mesures dont deux sortent du lot : diversifier les jours fériés religieux pour « respecter pleinement la diversité spirituelle » de la France actuelle ; interdire le port de « signes ostensibles » à l'école publique. La première est rejetée. Par refus du « communautarisme », les jours fériés religieux restent exclusivement catholiques. La seconde donne la loi de mars 2004, interdisant dans les établissements publics

« le port de signes ou tenues par lesquels les élèves manifestent ostensiblement une appartenance religieuse ». La loi est votée par la droite et une grande partie de la gauche. Concernant exclusivement les élèves de l'école publique, elle peut apparaître comme une victoire des philosophes du manifeste de 1989, partisans de la laïcité gallicane utopique.

Une « laïcité républicaine » veut regrouper les deux camps, idéalement tous ceux qui ont voté « Chirac » au second tour de la présidentielle. Le président a d'ailleurs prononcé, en décembre 2003, un discours en ce sens, en annonçant la future loi. Chacun pouvait y trouver du grain à moudre, puisque l'école était qualifiée de « sanctuaire républicain », qu'il était question de la laïcité « ouverte et généreuse » et de la « diversité » comme une « richesse » de la France. L'opposition entre la laïcité « au cœur de notre identité républicaine » et le « communautarisme [...] contraire à notre histoire, à nos traditions, à notre culture » reprenait ce qui était un lieu commun depuis 1989.

Une laïcité quasi-consensuelle, donc ? Oui et non. Dans une enquête BVA réalisée en novembre 2003 auprès de 1 524 personnes, 89 % des sondés trouvent le terme « laïcité » « très » ou « plutôt positif » et 87 % estiment qu'il s'agit d'une « valeur fondamentale toujours actuelle »[58]. Ce fort attachement à la laïcité est cependant deux fois plus élevé à gauche qu'à droite. « Mais les plus « laïques » ne sont pas toujours de gauche. » Des « laïques de droite » existent, « plus autoritaires » et « moins tolérants » que ceux de gauche. « Surtout, ils ne sont pas laïques pour les mêmes raisons. En s'opposant au port du foulard islamique à l'école, les laïques de droite rejettent l'islam et les immigrés alors que les laïques de gauche se méfient

58. Le pourcentage tombe à 49 % pour l'item la laïcité doit « protéger la libre expression des minorités ».

de l'Église catholique autant que de l'islam et acceptent, au contraire, les immigrés» (Barthélémy & Michelat, 2007).

Un tournant s'amorce et une laïcité de droite, associée au rejet des immigrés, se développe. Elle n'est pas encore dominante. Jacques Chirac crée la Haute Autorité de lutte contre les discriminations et pour l'égalité. La Halde contient la loi de 2004 dans les limites où elle a été votée. Ainsi, quand on veut l'appliquer à l'université, à différents lieux publics, aux mères de familles accompagnant les sorties scolaires, la Halde indique qu'il y a là une «*discrimination*». Nicolas Sarkozy supprimera la Halde.

La «laïcité positive» de Nicolas Sarkozy…

Élu en mai 2007, le nouveau président de la République joue le contraste avec son prédécesseur. Jacques Chirac, comme Lionel Jospin, s'était opposé à la mention de «racines religieuses» de l'Europe dans le Préambule de la Constitution européenne. Recevant à Latran, en décembre, le titre de chanoine d'honneur, Nicolas Sarkozy affirme: «les racines de la France sont essentiellement chrétiennes». Elle doit non seulement les «assumer» mais aussi «les valoriser». Et il précise: «Arracher la racine […] c'est affaiblir le ciment de l'identité nationale». Le président «appelle de [ses] vœux l'avènement d'une laïcité positive» qui considère les religions comme un «atout». Il affirme la supériorité de la «morale chrétienne» sur la «morale laïque», dont il souligne les manques supposés. Peu après, à Riyad (février 2008), il invoque onze fois Dieu. La *neutralité* de la puissance publique est publiquement transgressée par le premier représentant de l'État (Baubérot, 2008).

Certains adeptes de la laïcité ouverte se réjouissent et estiment qu'enfin un président comprend à sa juste valeur l'apport «positif» de la religion à la nation, son utilité sociale. Selon eux, parler de « racines chrétiennes », c'est reconnaître un fait incontestable (en fait, les privilégier est un choix politique face à la difficulté d'une projection dans l'avenir). Mais des évêques se montrent plus pessimistes. En *off*, l'un d'eux me déclare : « C'est essentiellement avec le Vatican que Nicolas Sarkozy veut développer ses relations, par dessus la tête de "l'Église de France", qu'il trouve trop remuante et dont les positions sur l'immigration le gênent. » Dès son arrivée au pouvoir, le président a créé un ministère de l'Immigration, de l'Intégration, de l'identité nationale et du Codéveloppement qui suscite la méfiance d'une partie de l'épiscopat.

La politique religieuse de Nicolas Sarkozy se situe en partie dans la filiation du gallicanisme, tout en recyclant des discours qui, au XIXe et au XXe siècle, magnifiaient l'identité catholique de la France, alors face au judaïsme (Birnbaum, 1993). Il se fonde sur une identité française transhistorique où le catholicisme se trouve culturalisé. Dépouillé de sa dimension proprement croyante (n'en est retenu que l'invocation d'une « transcendance »), cette confession sert de ferment identitaire et de nostalgie, face à une religion considérée comme extérieure à la culture française. Dans une tribune (*Le Monde*, 9 décembre 2009) où il commente le référendum suisse hostile aux minarets, le président (lui-même fils de migrant) demande aux « nouveaux arrivants » musulmans de faire preuve d'une « humble discrétion » et d'un « respect de ce qui était là avant [eux] ».

Ce n'est pas la logique de la laïcité ouverte. Le désaccord avec ses tenants est net, en avril 2011, lors du débat de l'UMP sur la laïcité voulu par le président. Une semaine avant, une tribune signée par les responsables des « six grandes religions présentes en France » (une première) demande au parti au pouvoir d'éviter « amalgames et risques de stigmatisation » envers l'islam et de veiller « à ne pas dilapider ce précieux acquis » qu'est la laïcité (*La Croix*, 30 mars 2011). Cela revient à dénoncer une instrumentalisation de la laïcité à d'autres fins. Par ailleurs, vingt-six associations et organisations laïques, dont sept obédiences maçonniques, regroupant les diverses tendances des laïcités historiques, protestent vigoureusement : « Les faux débats lancés sur l'islam et la laïcité [...] instrumentalisent des peurs et stigmatisent des citoyens ».

... est une laïcité identitaire

Peu de temps auparavant, le 3 mars 2011, au Puy-en-Velay, Nicolas Sarkozy a magnifié de nouveau les « racines chrétiennes » de la France, en y ajoutant quelques racines juives et sans déprécier la morale laïque. Le récit qu'il donne de l'histoire de France n'en est que plus clair. Dans le « magnifique héritage de civilisation » légué à la France, essentiellement par la « chrétienté », pas d'expulsion des Juifs au Moyen Âge, pas de croisade ni de domination coloniale où être « musulman » constituait une catégorie juridique, pas de guerre de religions ni de révocation de l'Édit de Nantes, pas de mise à mort du chevalier de la Barre... et pas de conflit des deux France. L'invocation des « racines » va à l'encontre d'une démarche historique.

Cette vision idyllique du passé induit trois conséquences. D'abord, le silence sur les persécutions de la société chrétienne et du gallicanisme et sur les séculaires conflits politico-religieux rend incompréhensible la construction de la laïcité : la laïcité historique est vidée de toute signification « positive ». Ensuite, la laïcité n'est plus la solution politique d'affrontements, elle devient le marqueur culturel d'une identité française tournée vers ses « racines ». Enfin, sa représentation se relie logiquement au « débat sur l'identité nationale » qui a eu lieu en 2009-2010. L'oubli des discriminations historiques envers les minorités délivre un message subliminal : comme nous vivions bien, en France (métropolitaine), avant que l'islam ne devienne la seconde religion de notre pays !

Au même moment, on assiste au développement d'une « politique du chiffre » en matière d'expulsion d'immigrés, et à l'érection en problème national du port de la *burqa* (en fait du *niqâb*) par quelques centaines de musulmanes, dont une bonne part ont la ferveur radicale de nouvelles converties (Borghée, 2012). Au Congrès de Versailles, réuni en juin 2009 pour modifier la Constitution, Nicolas Sarkozy affirme « solennellement » que « la *burqa* n'est pas la bienvenue » en France et annonce une possible loi d'interdiction.

La Mission sur le voile intégral

Dirigée par un ex-stalinien[59] (André Gérin) et un membre de la droite dure (Éric Raoult), la Mission d'information parlementaire sur le voile intégral ne cherchera guère à « s'informer ». La majorité de ses membres[60] remercient chaleureusement les auditionnés les plus militants, multiplient des critiques acerbes à l'égard d'universitaires[61]. L'affrontement est vif avec le rapporteur de la Commission Stasi, Rémy Schwartz, quand celui-ci distingue l'école et l'espace public, et doute que l'on puisse « menacer » des instances juridiques « pour obtenir [d'elles] une décision favorable » (Mission d'information parlementaire, 2010 : 387). La Mission invoque les

59. On verra l'utilité de cette précision : cf. p. 156.
60. Qui inclut une partie des socialistes mais ne comprend pas la totalité de la droite.
61. Son attitude provoque l'étonnement du juriste Bertrand Mathieu, qui l'exprime en termes polis : « Je ne pensais pas être invité pour faire preuve d'imagination, mais pour donner un point de vue juridique. » (Mission d'information parlementaire, 2010 : 551).

« valeurs de la République » : outre la laïcité, la dignité de la femme et l'égalité des sexes. Qui pourrait être contre ? Sauf que la députée du PS, Sandrine Mazelier, qui se situe parmi les minoritaires, affirmera ensuite qu'il règne à l'Assemblée nationale une « infantilisation des femmes » qu'elle n'avait jamais rencontrée auparavant (*Le Parisien*, 27 juin 2011). Cette instance pratique un double jeu.

La Mission d'information parlementaire n'arrive pas à un consensus en faveur d'une loi. Malgré l'avis contraire du Conseil d'État (juin 2010), l'UMP impose une loi d'interdiction générale dans l'espace public. La majorité des socialistes s'abstiennent. Seul l'ordre public est invoqué mais, politiquement et médiatiquement, la loi est présentée comme une nouvelle « loi de laïcité ». Si l'objet précis de la loi de 2004 rendait délicate sa comparaison avec la loi de 1905, celle d'octobre 2010 sur le voile intégral diverge ostensiblement de celle-ci. Le juriste Pierre-Henri Prélot (2011 : 44) y voit un « néo-gallicanisme » qui ne conserve de la tradition gallicane dans « le traitement public de l'islam (...) que sa composante restrictive ». Dans l'optique d'une laïcité identitaire, rien de plus logique.

Une relative alliance, au profit de la laïcité identitaire

« Au rythme de la surenchère et au risque de pointer du doigt le Coran, quelle loi sera donc nécessaire dans vingt ans ? » se demande Jean-Michel Balling, de la Grande Loge de France (Mission d'information parlementaire, 2010 : 515). Les laïques gallicans s'avèrent divisés face à l'engrenage qui infléchit la laïcité gallicane vers une laïcité identitaire. Si plusieurs se montrent hostiles à cette nouvelle loi (certains se rallieront ensuite), d'autres l'assument. Ainsi, déclarant son « amour de la laïcité », Patrick Billaud, vice-président du Grand Orient de France, affirme : « dans l'espace public, la liberté individuelle doit s'exprimer dans les limites culturelles de la communauté nationale à une période donnée» (*Id.* : 514). La religion civile gallicane utopique invoquait des principes, celle-ci se réfère à une culture dominante dont les «limites culturelles» se prétendent évidentes.

Mais ce glissement n'est pas étonnant. Si «la citoyenneté est en théorie un principe de dépassement des ancrages concrets, sa pleine réalisation requiert, dans le cadre du républicanisme classique, une forte homogénéisation culturelle de l'espace public» (Dieckhoff, 2002 : 163). Cette homogénéisation culturelle (impensé du discours sur le «citoyen abstrait») s'inscrit dans la lignée de la lutte du gallicanisme contre l'ultramontanisme. Un déplacement vers une laïcité identitaire s'opère à partir du moment où les idéaux progressistes ne sont plus capables d'opérer cette «homogénéisation» et où le catholicisme se trouve culturellement réintégré dans l'identité laïque (= politique) de la France.

Il existe donc, dans ce contexte, la possibilité d'une alliance (relative) entre des laïques gallicans et la laïcité identitaire. L'État peut, par la loi ou la règlementation, imposer des limitations à la *liberté de conscience*, au nom de la culture dominante du moment pour les uns, de l'identité (supposée) permanente pour les autres. La totalité des juristes auditionnés par la Mission d'information parlementaire s'est élevée contre une telle interprétation. Mais, autre figure du GODF, Jean-Michel Quillardet assure que «la vision d'une *burqa* dans la rue porte atteinte à [sa] propre *liberté de conscience*» (Mission d'information parlementaire, 2010 : 351). Outre que cela est congruent avec la domination d'une société du «voir», de la culture de l'apparence qui favorise une mentalité de droite (Simone, 2008), la focalisation sur l'habit (ou l'alimentation) montre qu'en dépit de l'invocation récurrente des

« valeurs », le terrain du conflit est avant tout la sociabilité[62]. C'est, d'ailleurs, ce que proclamait Jean-Jacques Rousseau quand il présentait la « profession de foi » socialement obligatoire de la religion civile non « comme dogme de religion mais comme sentiment de sociabilité ».

Cependant, en 2013, le conflit sur le mariage pour tous manifeste le maintien de fortes divergences entre les deux laïcités : la laïcité identitaire, voulant s'appuyer sur un électorat conservateur, se montre très opposée à une dynamique *séparatiste* en matière de mœurs, contrairement à ceux qui restent partisans d'une laïcité gallicane. Ceux-ci sont également favorables à une loi autorisant l'euthanasie, ce qui dérogerait à la « loi naturelle » catholique. Néanmoins, ils se montrent moins militants d'une telle cause que de l'extension de la *neutralité*. À l'Assemblée générale 2014 (13 septembre) de l'Association pour le droit de mourir dans la dignité (ADMD), la Libre pensée est la seule organisation laïque officiellement présente.

La laïcité identitaire et sa captation par la droite dure et extrême

Les thèmes identitaires, martelés par la droite, au pouvoir jusqu'en mai 2012, correspondent-ils à une « demande » de l'opinion publique, comme cela a été affirmé ? Ce n'est pas sûr. Selon deux tiers (65 %) des Français, « le débat se focalise trop autour de la viande *halal*, au détriment d'autres sujets économiques ou sociétaux », constate l'institut Harris Interactive, lors de la campagne présidentielle[63]. Des craintes existent

62. François Baroin mentionnait déjà en 2003 le refus d'embrasser sur la joue quelqu'un du sexe opposé comme une atteinte à la laïcité.
63. Enquête du 16 au 19 mars 2012, échantillon de 1 866 individus représentatifs de la population française.

sans constituer une préoccupation majeure, sauf quand elles sont activées par le politique et des campagnes médiatiques.

Ce qui était impensable pour les laïques gallicans en 1989, et pour François Baroin en 2003, se produit. À partir de l'hiver 2010-2011, dans la foulée de l'adoption de la loi sur le voile intégral, Marine Le Pen s'approprie la laïcité. Elle dénonce les prières de rue qui existent à Paris et Marseille[64] en les présentant comme une « Occupation de la France ». C'est une allusion à l'Occupation nazie, mais elle précise : « J'aurais pu aussi parler de l'occupation des Anglais à l'époque de Jeanne d'Arc. » C'est la même idée d'une armée ennemie qui a envahi le territoire. Face à un tel « danger », elle annonce sa volonté de « défendre la laïcité ». Ce thème devient une importante caractéristique du « deuxième FN » (Wieviorka, 2012).

À force de centrer la laïcité sur l'identité de la France, on lui a permis de devenir un marqueur de la droite extrême. Limiter la *liberté de conscience* au nom de « limites culturelles de la communauté nationale » ouvre la voie à une concurrence pour devenir celui qui définit ces limites. Le 4 septembre 2014, le « conseiller laïcité » du Front national, Bertrand Dutheil de La Rochère, exalte le « gallicanisme » où « la souveraineté nationale l'emportait sur tout internationalisme confessionnel ». Il affirme que l'absence de clergé dans le sunnisme « risque d'inciter les fidèles à se blottir dans le communautarisme » et en conclut que « la République doit se défendre contre tout risque de subversion ».

Le FN n'est pas le seul à se prêter à un tel jeu. L'aile la plus à droite de l'UMP veut surenchérir. Durant l'été 2014, le maire

64. « En 10 ou 15 endroits » précise Marine Le Pen, ce qui est déjà une fourchette haute. Cependant, après plusieurs mois de battage médiatique sur cette question, une enquête d'Harris Interactive auprès de 1 005 individus montre que les sondés donnent un chiffre moyen de 185 endroits où se dérouleraient des prières de rues. Cela peut, alors, être ressenti comme une menace… et favoriser le discours de Marine Le Pen (Baubérot, 2014a : 20-22).

de Wissous prend des arrêtés pour interdire le port de signes religieux à la plage et Nadine Morano s'indigne parce qu'elle a y vu une femme portant un foulard. « Lorsqu'on choisit de venir en France[65], État laïque, on se doit de respecter notre culture et la liberté des femmes. Sinon on va ailleurs ! » Une autre membre de l'UMP, Valérie Pécresse, répond que la liberté des femmes consiste à s'habiller comme elles le veulent. La laïcité identitaire ne fait pas l'unanimité à droite, loin s'en faut. Alain Juppé, par exemple, ne la soutient pas. En revanche, il faut toujours qu'un socialiste surenchérisse. Cette fois, c'est le ministre Harlem Désir qui approuve Nadine Morano, lui qui avait co-signé le contre-manifeste de 1989 : « L'exclusion fait le lit de l'intégrisme. Et aussi celui du Front national. » Rapidement oubliés par une actualité changeante, ces incidents récurrents contribuent pourtant à modeler la mentalité collective dans le sens de la laïcité identitaire.

Le noyau dur de la laïcité identitaire

La laïcité identitaire tend à limiter, voire à transgresser, la *neutralité* de l'État tout en prônant une forte extension de l'obligation de la *neutralité* aux individus. En transformant la laïcité en « outil de protection contre l'islam d'une culture ou d'une civilisation issue du christianisme » (Hennette-Vauchez, Valentin, 2014 : 56), elle favorise *l'inégalité* entre citoyens suivant leur religion et privilégie, par l'invocation des « racines », le catholicisme, perçu comme un phénomène culturel qui lui semble constituer un élément important de « l'identité nationale ». Elle limite ainsi la *liberté de conscience* et la *séparation*.

65. Propos qui supposent qu'il ne peut s'agir que d'une femme qui ne serait pas née en France !

Septième type de laïcité : une laïcité « concordataire »

Selon la Constitution, la République est « indivisible ». Des constitutionnalistes avertissent : « L'indivisibilité n'est pas l'uniformité. Elle impose simplement qu'un seul pouvoir politique exerce la souveraineté sur l'ensemble du territoire de la République, quitte à ce que ce pouvoir [délègue] des compétences » (Carcassonne & Guillaume, 2014 : 44). Cette définition *a minima* est indispensable pour englober l'Alsace-Moselle. En effet, cet ensemble est régi, dans de larges secteurs d'activités, par un « droit local » différent du droit du reste de la France. Ce droit spécifique concerne aussi les rapports entre l'État et la religion.

Ainsi, la loi de 1905 ne s'applique pas. « Comment une loi à caractère constitutionnel[66] peut-elle ne pas s'appliquer à trois départements du territoire métropolitain ? » À cette question, un membre du Conseil constitutionnel s'était contenté de répondre : « Tous les principes absolus ont une exception. En voilà une. » (Robert, 1990, p. 101). Cela manifestait un certain embarras. La situation s'est clarifiée en février 2013 : pour le Conseil constitutionnel, l'exception alsacienne-mosellane est une dérogation légitime à la Constitution (Prélot 2014). Il faut

66. C'était la thèse défendue par l'intervenant.

donc expliquer les raisons de cette situation et analyser ses implications. Son élément le plus important est le maintien du Concordat de 1801-1802, c'est pourquoi ce chapitre a pour titre : Une laïcité « concordataire ».

Une histoire très spécifique jusqu'en 1918...

Une explication simple consiste à dire : les lois laïcisant l'école publique (1882) et séparant les Églises et l'État (1905) ont été votées quand l'Alsace-Moselle était terre allemande. En 1919, on ne les a pas appliquées. C'est exact, mais n'explique pas pourquoi ce statut « transitoire » s'est installé dans la durée. Pour le comprendre, il faut retracer brièvement l'histoire de l'Alsace, où l'attachement au droit local est le plus vif[67].

Cette province a été progressivement annexée par la France sous le règne de Louis XIV. Champ de bataille de la guerre de Trente ans, elle était exsangue. Sa population comprenait autour de 30 % de protestants (à 80 % luthériens). Malgré sa volonté d'imposer l'unité religieuse par la force, Louis XIV n'ose pas persécuter les communautés protestantes protégées par les traités de Westphalie (1648). Tout au plus prend-il des mesures favorisant le catholicisme : à Strasbourg, la cathédrale devient une cathédrale catholique et les fonctions administratives et judiciaires sont désormais réservées aux catholiques ; dans les campagnes, on a recours à de « douces violences » avec l'installation de militaires. Enfin, dans beaucoup de localités, on impose la pratique du « *simultaneum* » : le chœur des églises est réservé aux catholiques, les protestants se contentent de la nef. Malgré des pertes, la minorité protestante reste

67. La Moselle est une partie de la Lorraine. Le duché autour de Nancy ne devint durablement français qu'environ 20 ans avant la Révolution alors que le pays messin, l'évêché de Metz, est sous domination française depuis 1552 et province du Royaume depuis les traités de Westphalie en 1648.

consistante. En dépit de tensions, la pratique du *simultaneum* continue au XIXe siècle. Cela n'empêche pas « l'entre soi » de chaque collectivité. Dans la longue durée, l'histoire politico-religieuse de l'Alsace est spécifique.

Quand la France est vaincue en 1871 et que l'Alsace-Moselle devient allemande, 10 % de la population quitte la région, dont une part importante des élites sociales. « La seule armature sociale […] qui subsiste, c'est le clergé, notamment catholique » et certains évêques « donnent de la voix pour défendre les particularismes locaux » (Seelig, 2014). Otto von Bismarck laisse subsister le régime des cultes. Ce que l'on appelle le régime concordataire comporte, outre le Concordat, des Articles organiques qui règlementent dans un sens gallican les « cultes reconnus » : catholique, israélite, protestants luthérien et réformé. Par ailleurs, la loi Falloux de 1850 et diverses ordonnances allemandes s'appliquent dans le domaine scolaire : les écoles primaires sont confessionnelles et l'enseignement religieux obligatoire.

En novembre 1914, en « libérant » Thann, le maréchal Joffre déclare : « La France vous apporte le respect de vos libertés alsaciennes, de vos traditions, de vos convictions et de vos mœurs. » Quatre ans plus tard, l'Alsace-Moselle redevient française. Une nouvelle fois, part l'essentiel de l'« élite sociale et culturelle, les dirigeants économiques, les fonctionnaires, les dirigeants de la social-démocratie… qui tous, majoritairement, avaient été « importés » du reste de l'Empire. On estime à 200 000 le nombre de personnes expulsées vers l'Allemagne. […] La seule armature sociale qui subsiste, c'est le clergé »[68] (*Id.*).

68. À nuancer pour les protestants alsaciens : plus de 60 pasteurs germanophones ou allemands partent.

... ensuite, un régime provisoire qui s'installe

En octobre 1919, une loi relative au « régime transitoire » maintient le *statu quo* législatif et règlementaire jusqu'à l'introduction des lois françaises. En juin 1924, la législation française est introduite, avec des dérogations dont « la législation locale sur les cultes et les congrégations religieuses » (article 7). Au total, seize grands domaines juridiques sont concernés. En janvier 1925, constatant « qu'aucun des textes réglant le régime des cultes dans les autres départements » n'a été introduit en Alsace-Moselle », le Conseil d'État en déduit que le « régime concordataire » y est toujours en vigueur.

Entre temps, la politique du Cartel des gauches visant à étendre la « législation laïque » aux départements de l'Est, et aussi à réactiver les lois anticongréganistes, à rompre de nouveau les relations diplomatiques avec le Saint-Siège, a échoué. La mobilisation catholique, avec des associations d'anciens combattants, a été forte. Faible réplique laïque, relative incompréhension de l'opinion publique qui ne perçoit plus de « danger clérical » : le gouvernement Herriot a dû reculer. En définitive, le maintien de ce statut spécifique contraste avec la politique d'assimilation linguistique qui produit une baisse du niveau scolaire, un recul de la lecture et une méconnaissance des deux langues[69]. À partir de 1925, un mouvement autonomiste alsacien se développe. En Moselle, le Parti communiste, seule force de gauche, défend les particularités locales.

Après la défaite de 1940, l'Alsace-Moselle redevient allemande et le Reich nazi instaure la *séparation* des Églises et de l'État, supprime tous les régimes juridiques dérogatoires.

69. En revanche, l'allemand reste la langue officielle du droit local dont les textes sont publiés en français « à titre documentaire ». Suite à une décision du Conseil constitutionnel en 2012, leur traduction est progressivement mise en œuvre.

Cela n'empêche pas, selon Bernard Vogler (2001 : 187), l'Église luthérienne de « connaître alors une situation matérielle prospère » où « le paiement des cotisations est un véritable geste de résistance ». Les jeunes Alsaciens sont incorporés de force dans la Wehrmacht et, pendant l'hiver 1944-1945, des combats acharnés détruisent maints villages. En septembre 1944, l'ordonnance du général de Gaulle rétablit « la légalité républicaine » en Alsace-Moselle et prévoit l'annulation de la *séparation* opérée par les Allemands : la législation en vigueur le 16 juin 1940 « est provisoirement maintenue ».

Entre 1952 et 1957, surtout sous le gouvernement du socialiste Guy Mollet, une négociation d'ensemble a lieu entre la France et le Saint-Siège. Dans le cadre d'une révision globale favorable à l'Église catholique (par exemple une aide à l'enseignement privé), le statut spécifique de l'Alsace-Moselle serait aboli, une « monnaie d'échange » en quelque sorte. La presse régionale s'inquiète. Robert Lecourt (1978 : 150), principal négociateur du côté français, explique ainsi le sentiment dominant de la population : « Derrière l'abrogation du Concordat, on craint de voir apparaître l'introduction pure et simple en Alsace et en Lorraine des lois de 1901, 1904 et 1905[70]. On n'attache qu'une attention teintée de scepticisme à la mise au point concomitante d'une législation expurgée de tout le contenu agressif du début du siècle, pour en faire le régime de la France entière. » La question de l'Alsace-Moselle entraîne, de fait, l'échec des négociations.

En 2012, quand François Hollande, candidat à la présidence de la République, propose de constitutionnaliser explicitement la loi de 1905, il ne tarde pas à ajouter qu'il

70. Témoignage intéressant quant aux représentations : pour les Alsaciens-Mosellans, comme pour d'autres Français, il existe l'idée d'un *continuum* gallican entre les lois de 1901 et 1904 (effectivement gallicanes et visant les congrégations) et la loi de 1905.

respectera l'exception de l'Alsace-Moselle. La même année, une question prioritaire de constitutionnalité est soulevée. Le traitement des ministres du culte protestant est-il conforme à la Constitution ? Fait intéressant, les protestants sont choisis comme angle d'attaque : le Concordat est un traité international et s'en prendre au traitement des rabbins aurait pu paraître antisémite. Mais la réponse donnée vaudra pour l'ensemble du système. La décision du Conseil constitutionnel (février 2013) confirme le *statu quo*. En 1946 et en 1958, le constituant, en proclamant que la France est une République laïque, n'a pas pour autant entendu remettre en cause les régimes particuliers « applicables dans plusieurs parties du territoire ». Cette argumentation évite la question de fond et comporte un aspect paradoxal puisque la même décision du Conseil constitutionnalise le non-salariat des cultes.

Le « régime concordataire »

Le « droit local » est disparate. À des lois et règlements français maintenus en vigueur par les Allemands entre 1871 et 1918 et abrogés en France à la même période, s'en ajoutent d'autres émanant des autorités allemandes et des lois et règlements postérieurs à 1918. Parmi ces derniers textes, certains sont dus à la nécessité de faire évoluer le droit local ; d'autres concernent l'ensemble des régions frontalières car les règlementations transfrontalières se multiplient. On voit à quel point les mentions d'une France « une et indivisible » sont fausses. En fait, l'État républicain a, selon ce qui l'arrange, un droit public « universaliste » (il vaudrait mieux dire unitaire) ou « différencialiste » (Bui-Xuan, 2004).

Pour l'Alsace-Moselle, les droits civil, commercial, économique, public, social sont concernés. Associations, chasse, sécurité sociale, etc., ont un statut spécifique. Cela n'est pas indifférent pour notre sujet. Issue des lois sociales allemandes du début du XXe siècle, la sécurité sociale locale est très appréciée et les opposants au statut des cultes doivent expliquer que, contrairement à une croyance tenace, « ne plus payer le clergé ne ferait pas disparaître la sécu » !

Au cœur des relations entre l'État et la religion, le dispositif mis en place par la loi du 18 germinal an X (1802) comprend le Concordat avec le Saint-Siège et les Articles organiques des cultes catholique et protestants luthérien et réformé. Des textes ultérieurs (datant de 1807 à 1844) donnent un statut analogue au culte israélite. Ces quatre cultes sont officiellement « reconnus » par la République et les ministres des cultes (ainsi que les laïcs assurant un service pastoral) sont payés par l'État, à des indices différents selon les cultes. Les paroisses voient leur budget abondé par les communes. Le président de la République nomme les évêques de Strasbourg et de Metz. Il est le dernier chef d'État au monde à nommer des évêques catholiques[71]. En général, il ratifie le choix du Vatican, mais en 2013 le premier choix de la Congrégation, Mgr Batut, a été récusé comme évêque de Metz, peut-être parce qu'il avait manifesté une vive opposition à la loi sur le « mariage pour tous ».

La plupart des aspects gallicans des Articles organiques sont tombés en désuétude. De fait, la liberté des cultes, instaurée ailleurs par la loi de 1905, est appliquée ; ainsi, les ministres des cultes reconnus disposent de la même liberté d'expression que les ministres des cultes du reste de la France. Ne reste aujourd'hui du régime concordataire, « compte tenu du principe de laïcité et de *neutralité* de l'État, que le caractère

71. Il faut cependant noter que, depuis la Libération, des consultations ont lieu entre le Saint-Siège et le ministère de l'Intérieur, avant la nomination des évêques dans le reste de la France.

public des cultes reconnus et les moyens qui leur sont consentis» (Herrgott, 2012). Ce régime est donc très favorable aux Églises, qui en ont les avantages et pratiquement aucun des inconvénients.

La loi de 1905 ne s'applique à aucun des cultes. Les «cultes non reconnus» (islam, protestantisme évangélique, courants non orthodoxes du judaïsme, etc.) «peuvent recevoir des subventions publiques» et les conseils municipaux les accordent, notamment à des fins d'intérêt général et de bienfaisance. Elles peuvent aussi aider financièrement la construction de lieux de culte. La construction de la mosquée de Metz bénéficie d'un bail emphytéotique mais pas d'une aide financière directe.

Autres aspects du statut particulier

Le statut scolaire de l'Alsace-Moselle est régi par la loi Falloux. Les écoles primaires publiques sont devenues interconfessionnelles, avec un climat qui s'est sécularisé. L'enjeu est surtout de savoir si les «cours de religion» auront lieu à un moment où les élèves sont le plus réceptifs, où s'ils s'effectueront en fin de journée. Ces cours de religion, dans le primaire et le secondaire de l'école publique, sont «obligatoires» dans le sens où ils doivent nécessairement être inscrits dans l'emploi du temps hebdomadaire de la classe. Les dispenses sont possibles et, de fait, ils sont de moins en moins suivis au fur et à mesure que l'élève grandit. La Commission Stasi (2004: 113) avait demandé un «aménagement» pour remplacer la démarche de dispense par un formulaire remis aux parents «afin qu'ils répondent positivement ou négativement à cette offre de cours». La loi de 2004 n'a pas abordé le sujet mais s'est appliquée aux écoles publiques confessionnelles d'Alsace-Moselle, bien que les parlementaires de ces départements aient indiqué l'aspect très paradoxal d'une telle application.

À Strasbourg, deux facultés de théologie sont incorporées à l'université. Fondée en 1538, la faculté protestante en est à l'origine. La catholique a été créée en 1902. Si les autorités protestantes n'interviennent pas dans les nominations de professeurs, ce n'est pas le cas de l'évêque qui a récusé, il y a douze ans, un enseignant régulièrement nommé. L'université de Lorraine comporte, dans son « site messin », un département de théologie catholique.

La laïcisation des cimetières (loi de 1881) ne s'applique pas et la règle est celle de la confessionnalité. Le Code pénal local comporte la condamnation du « blasphème ». Cela a permis l'interdiction, au début des années 1970, de la représentation, sur le parvis de la cathédrale, d'une pièce de Dario Fo et la condamnation, en 1999, d'une manifestation d'Act Up, durant une messe, dans la cathédrale de Strasbourg, en réaction à de vifs propos de l'évêque contre l'homosexualité. Vu les lieux de ces manifestations, il n'est pas impossible que des condamnations auraient été prononcées en « France de l'intérieur », sur d'autres bases. Cette spécificité peut cependant offrir une tribune à certains mouvements conservateurs. Un dernier exemple concerne le droit du travail. Le 26 décembre, jour de la Saint-Étienne et, dans toutes les communes où existe le culte protestant, le « vendredi saint » précédant Pâques sont fériés et chômés. La Cour de cassation a confirmé en 2012 que ces deux jours ne doivent pas être pris en compte dans les RTT.

Réofficialiser certaines religions ?

En France, la grande majorité de l'opinion publique ignore l'existence et l'étendue de ce droit spécifique, le fait qu'une part (très minime) des impôts sert à payer des ministres du culte. Des Alsaciens-Mosellans répliquent en affirmant que leur situation s'apparente à celle de l'Allemagne. Ce n'est pas exact. Dans ce dernier pays, il existe un impôt ecclésiastique volontaire. Le fait qu'une région voie les ministres de certains cultes payés par l'ensemble de la Nation est fort différent.

Les défenseurs du régime des cultes invoquent cependant une légitimité européenne pour affirmer que leur système pourrait servir de modèle au reste de la France. Le président de l'Institut du droit local – un organisme à la fois expert et militant – Jean-Marie Woehrling (2004 : 14, 246, 291) se demande si l'opposition entre « *séparation* » et « reconnaissance » (des organisations religieuses) est pertinente. Il verrait volontiers un soutien financier accordé aux religions « qui renforcent les valeurs morales communes ». Il conclut : « La technique [*sic*] de la reconnaissance », c'est-à-dire globalement la situation qui prévaut en Alsace-Moselle, « loin d'être un legs du passé, pourrait bien être un outil d'avenir ».

Ce désir de voir réofficialiser certaines religions dans l'ensemble de la France, outre que cela signifierait l'abolition de la loi de 1905, n'est pas exempt de naïveté. En effet, un dissensus existe entre le catholicisme et l'interprétation majoritaire actuelle des « valeurs morales communes », ne serait-ce qu'à cause du refus de l'accès à la prêtrise et du diaconat aux femmes. Mais un tel propos peut s'appuyer sur le discours dominant qui majore le dissensus entre les dites « valeurs communes » et l'islam, et l'oublie quand il s'agit du catholicisme.

Le noyau dur de la laïcité concordataire

En Alsace-Moselle, des éléments de *séparation* et de *neutralité* existent, dans la mesure où l'État est indépendant des Églises et n'effectue pas, par exemple, de discrimination entre ses agents. On pourrait multiplier les exemples : l'Alsace-Moselle n'est pas hors de France et, hormis le droit local, la législation laïque (par exemple sur les mœurs) s'applique. Mais *séparation* et *neutralité* sont partielles, car ni la loi de 1905 ni celle de 1882 ne sont effectives et certaines religions sont privilégiées par rapport à d'autres religions et convictions. Cette situation induit des limitations à la *liberté de conscience*, que beaucoup d'Alsaciens-Mosellans réduisent implicitement à la liberté de religion, et à *l'égalité des citoyens*. Cette situation spécifique montre l'importance de l'histoire et de la localisation géographique *versus* l'universel abstrait. Des changements ne signifieraient pas forcément une totale uniformisation. Ainsi, l'heure prévue pour le cours confessionnel de religion pourrait fournir le cadre d'expérimentation d'un enseignement laïque des religions.

L'Outre-mer

La décision du Conseil constitutionnel de 2013 évoque les régimes particuliers « applicables dans plusieurs parties du territoire ». La généralité des termes utilisés fait croire que l'Outre-mer est aussi concerné. Mais l'ambiguïté du propos est un leurre. En fait, l'article 74 de la Constitution stipule déjà « Les collectivités d'outre-mer […] ont un statut qui tient compte des intérêts propres de chacune d'elles au sein de la République ». L'article 43 de la loi de 1905 prévoyait des conditions spécifiques d'application « à l'Algérie et aux colonies ». Malgré les demandes faites à plusieurs reprises par les autorités musulmanes, la loi ne fut jamais appliquée en Algérie (Baubérot, 2014a : 76 ; Achi, 2007). Actuellement, la loi de 1905 s'applique en Guadeloupe, Martinique, à La Réunion, Saint-Barthélémy et Saint-Martin. Elle n'est pas appliquée en Nouvelle-Calédonie, Polynésie française, Saint-Pierre-et-Miquelon, dans les Terres australes et antarctiques, à Wallis et Futuna, ainsi qu'à Mayotte et en Guyane (Baubérot & Regnault, 2007).

À Mayotte, île peuplée à 95 % de musulmans, le statut personnel est adopté par la plus grande partie de la population (qui peut choisir le droit civil). C'est un droit coutumier d'inspiration musulmane. Il comporte une relative égalité en matière successorale. En juin 2010, une ordonnance interdit désormais la polygamie et relève à 18 ans l'âge du mariage pour les femmes. Dans le cadre de la départementalisation, une nouvelle organisation judiciaire se met en place.

La Guyane, départementalisée en 1946, est régie par une ordonnance royale de Charles X (août 1828). Pendant la période 1815-1830, la religion catholique était redevenue la « religion de l'État », même si « l'égale liberté » (fort contrôlée) des cultes était garantie (articles VI et V de la Charte). Le clergé catholique, et lui seul, reçoit son traitement du département. En juin 2014, le Conseil général a refusé de verser les salaires des prêtres. Il a été désavoué, mais son geste constitue un coup de semonce.

On le voit, même si la situation est très différente, les collectivités d'outre-mer où la loi de 1905 n'est pas appliquée posent des problèmes analogues à ceux de l'Alsace-Moselle, sur le plan des limitations de la *liberté de conscience*, de *l'égalité des citoyens* et du faible degré de *séparation* et de *neutralité*.

Quelques raisons du glissement de la laïcité dominante de gauche à droite

Laïcités et seuils de laïcisation

La typologie des laïcités permet de percevoir des continuités et de constater d'indéniables nouveautés. Un des changements les plus nets est la modification du rapport de forces. En 1905, les laïcités religion civile et la laïcité séparatiste stricte ont accepté, bon gré mal gré, la loi inspirée par Aristide Briand. La gauche s'unit, le 3 juillet 1905, pour voter l'ensemble de la loi et, dans la tourmente qui suit le refus du pape, en dépit de nouvelles secousses, cette union ne se brise pas. Le résultat est net. À partir de 1908, la séparation fonctionne de façon apaisée. En 1914, l'Union sacrée s'avère possible. Dix ans plus tôt, quand des congréganistes se trouvaient acculés à l'exil ou prenaient le maquis, cette Union aurait été impossible[72]. La laïcité est sortie de l'engrenage où l'avait conduite la recherche de la « laïcité intégrale ».

Depuis le début du XXIe siècle et l'émergence de la laïcité identitaire, celle-ci a pris de plus en plus d'importance. Elle s'est montrée attractive pour certains partisans d'autres laïcités. Cette fois, l'engrenage ne s'est pas rapidement arrêté. Il en est résulté un glissement de la laïcité de gauche à droite, voire

72. Une présentation moins sommaire des changements de 1904 à 1914 dans Baubérot (2013 : 64-92).

une captation de la laïcité par l'extrême droite. L'arrivée au pouvoir d'un président de gauche a un peu changé la donne avec l'Observatoire de la laïcité et la loi sur le mariage pour tous. Mais ce changement est loin d'être complet et l'actuel premier ministre, Manuel Valls, avait voté, avec l'UMP, la loi interdisant le voile intégral dans l'espace public.

La gauche, régulièrement accusée par la droite et l'extrême droite de ne pas être assez laïque, peine à répliquer. Des organismes paragouvernementaux émettent des constats attristés. La Mission sur l'enseignement laïque de la morale note (en 2013) une « évolution qui, depuis la loi du 15 mars 2004, a vu insensiblement glisser la laïcité du côté des devoirs des élèves » et non de la garantie de leurs droits[73]. Jean-Louis Bianco, président de l'Observatoire de la laïcité, déplore, dans le *Point d'étape* de cet organisme (juin 2013) : « La laïcité apparaît trop souvent, depuis une vingtaine d'années, comme un principe d'interdits et de restrictions aux libertés. » Le contexte, les problèmes, les enjeux ne sont plus ceux de 1905. Les acteurs en font le constat. L'historien-sociologue peut-il proposer une analyse qui aille plus loin ?

L'histoire des historiens et la théorie des seuils

Dès 1984, dans le cadre de ma thèse de doctorat d'État[74], j'ai proposé une périodisation de l'histoire de la laïcité qui distinguait, de façon idéal-typique, deux seuils de laïcisation. Pour la France, la construction du premier s'est achevée de 1789 à 1804, celle du second de 1882 à 1905. Plus tard, j'ai estimé

73. Rémy Schwartz, rapporteur de la Commission Stasi, est un des trois signataires.

74. Cf. Baubérot (2014b : 161), où je rapporte que le président du jury m'a conseillé de ne plus travailler sur la laïcité, car « cela n'intéresse plus personne » (la loi Savary venait d'être retirée) !

qu'un troisième seuil a été façonné entre 1968 et 1989. Dans cet ouvrage, il s'agit non de revenir sur la présentation des seuils en tant que tels[75], mais d'utiliser ce cadre théorique pour expliquer le passage de l'hégémonie de la gauche à celle d'une droite dure en matière de laïcité.

Avant cela, un bref rappel des choix méthodologiques et épistémologiques qui sous-tendent la théorie des seuils. Ce n'est pas par hasard si cette élaboration conceptuelle a commencé au tournant des années 1970-1980. Elle s'inscrit dans un double refus. D'abord, le rejet d'une histoire événementielle classique, adoptée par beaucoup d'historiens du contemporain, et notamment les meilleurs spécialistes de la laïcité, tel Jean-Marie Mayeur (2005). Ensuite, le refus d'une histoire telle que la prônait l'école des *Annales*, notamment Fernand Braudel, privilégiant le structurel au détriment de l'événementiel, le temps long au dépens de celui de l'acteur. La notion de seuil de laïcisation articule structures et événements, moyenne voire longue durée du processus laïcisateur et temps court de l'action. Elle prend sens dans une démarche de sociologie historique.

L'acquis au « départ » du processus[76] est le fait qu'un État n'est plus concerné par le « salut » de ses citoyens, s'occupe de leurs intérêts « terrestres » sans leur imposer des doctrines religieuses. Il n'existe plus d'union dogmatique entre l'État et la religion. Le processus lui-même est saisi à partir de trois indicateurs. Le premier est la dynamique des institutions à forte teneur symbolique, telle la religion, l'école et la médecine, et l'interrelation de ces institutions entre elles. Le second est la socialisation morale, le type de normes qui sont politiquement légitimes. Enfin, le troisième indicateur est le type de

75. On trouvera une présentation dans Baubérot et Milot (2011 : 195-252).

76. Nul point de départ absolu pour un processus historique. L'important consiste à trouver des critères pour fixer un point de départ cohérent avec la perspective choisie.

pluralisme socioreligieux légitimé par le politique. Ainsi le premier seuil comporte les caractéristiques suivantes : 1. La religion n'est plus porteuse d'un sens englobant. L'école, la médecine deviennent progressivement des institutions qui se développent, socialisent à des perceptions culturelles autonomes à l'égard du religieux et engendrent de nouveaux clercs. 2. Ces institutions séculières sont légitimées par l'État, au même titre que la religion, comme instances de socialisation morale concurrentes avec elle. 3. Un pluralisme fermé inclut divers « cultes reconnus » et exclut tendanciellement l'athéisme.

Croyance au progrès et construction du second seuil

La loi de 1905 constitue l'événement structurant qui achève le basculement dans le second seuil. Celui-ci se caractérise ainsi. 1. L'école et la médecine sont devenues des institutions à part entière, la religion peut fonctionner en interne comme institution mais doit socialement prendre une forme analogue à l'association. 2. La religion n'est plus considérée par l'État comme un service public assurant une socialisation morale. 3. Le pluralisme est ouvert : la liberté de conscience est une liberté publique, en revanche, l'instruction et certains actes médicaux sont devenus socialement obligatoires.

Dans le cadre théorique adopté, les événements structurants sont également des événements structurés. Un aspect central de cette structuration est ce que les historiens désignent, en général, par l'expression « la croyance au progrès ».

Événement structurant au XVIIIe siècle, le tremblement de terre de Lisbonne, le jour de la Toussaint 1755, entraîna la mort de plusieurs milliers de personnes dans un pays très catholique et joua un grand rôle dans la perte d'emprise de la théodicée comme croyance sociale. Voltaire et bien d'autres soulignèrent l'aspect arbitraire de la sélection entre victimes et survivants.

Un débat entre savants tenta d'expliquer le séisme par des causes naturelles dans l'idée de prévenir d'autres catastrophes grâce au développement du savoir. Nicolas de Condorcet, puis Emmanuel Kant y participèrent. À l'inquiétude face à ce qui était apparu comme imprévisible répondit une confiance, grandissante durant le XIXe siècle, dans la capacité des êtres humains à maitriser la « nature » par la connaissance.

De là, un double discours sur le « progrès ». D'abord la représentation du progrès comme conjonction de divers progrès : le progrès scientifique engendrant du progrès technique, lui-même transformé, par le progrès de l'action publique et politique, en progrès social, progrès du bien-être. Un progrès, éminemment moral donc, qui légitimait certains dégâts collatéraux. Ensuite, l'idée que c'est l'Europe (qui s'élargit en Occident) qui est le moteur du progrès. Les traités inégaux, le colonialisme, l'impérialisme vont trouver là une justification civilisationnelle. Xavier Martin (2014) insiste sur la « naissance du sous-homme au cœur des Lumières ». Cela semble pertinent, à condition de dialectiser le propos par le rappel du « cosmopolitisme » de ces mêmes Lumières.

La croyance au progrès existe déjà lors de l'émergence du premier seuil de laïcisation et culmine dans la construction du second seuil. Source inépuisable des discours d'autorités républicaines, le *Grand Dictionnaire Universel* (1864-1876) écrit : « Cette idée que l'humanité devient de jour en jour meilleure et plus heureuse est particulièrement chère à notre siècle. La foi à la loi du progrès est la vraie foi de notre âge. C'est là une croyance qui trouve peu d'incrédules ». (tome 13 : 926)

De la sécularisation à la profanation

Comme le souligne Talal Asad (2003 : 23), la modernité s'est fondée sur « deux mythes divergents » : le mythe des Lumières où le politique est le discours de la raison publique, mythe lié à la capacité des élites à diriger les êtres humains ; et le mythe révolutionnaire du suffrage universel, où le politique est l'expression de la volonté du *laos* (peuple), obtenue en quantifiant l'opinion (pas forcément rationnelle) des citoyens électeurs. Pour ma part, je parlerai plutôt de fondements symboliques que de « mythes ». Mais l'important est le fait que ce sont les institutions séculières qui doivent résoudre cette contradiction potentielle : par elles, les élites, les clercs éduquent le *laos*. À quelle raison : la raison rationnelle ou « la raison du plus fort » ? Un mélange des deux, sans doute. D'où l'enjeu considérable représenté par ces institutions séculières. Le terme de laïcité a d'abord été lié à l'école, et la loi de 1882 laïcisant l'école publique est l'événement structurant qui débute le basculement dans le second seuil. Claude Nicolet (1982 : 310) a indiqué, d'autre part, l'importance de la médecine dans la laïcisation française.

La période de construction du second seuil (en gros le XIXe siècle) constitue, en Occident, le moment de l'apogée du processus de sécularisation. Deux politistes, Catherine Colliot-Thélène et Philippe Portier (2014 : 11-29), analysent ses conséquences dans l'ordre du politique : « un transfert plus qu'une abolition du régime traditionnel [imprégné de religieux] du gouvernement des hommes »[77], le « principe d'asymétrie » fait qu'un « aréopage de compétences persiste à tenir le peuple à l'écart du cercle de la décision ». On estime que les élites « ne peuvent qu'organiser le monde social selon les requêtes de la raison ». Mais à cette sécularisation-transfert succède, progressivement, en France, à partir de la fin du

77. Cette conception de la « sécularisation » comme d'un transfert du principe d'asymétrie, qui la distingue de la « profanation », est donc plus précise et moins large que la définition basique de cette notion (cf. p. 28).

XIXe siècle, une mise en question démocratique de cet ordre politique. « Le développement des transports, l'expansion des écoles, la diffusion des journaux, l'accélération des migrations, la réinstallation de la conscription, l'interaction économique villes/campagnes » induisent « l'avènement du principe de similitude ». Un processus de « profanation » s'emboîte alors sur le processus de « sécularisation ».

Selon mon hypothèse, cette analyse s'applique non seulement au domaine politique, mais aussi aux institutions. Cependant, un décalage temporel existe et la logique de la compétence asymétrique fonctionne plus longtemps dans l'ordre institutionnel que dans l'ordre politique. Dans ce dernier ordre, la « profanation » advient dès le second seuil, alors qu'elle n'arrive qu'au troisième seuil dans l'ordre institutionnel. Cet ordre ne devait-il pas concilier la contradiction potentielle entre les deux fondements symboliques de la modernité ? 1905 est un moment historique où le basculement dans le second seuil de laïcisation coïncide avec le développement du processus de profanation du politique et la prééminence du processus de sécularisation-transfert dans le champ institutionnel.

Un lien étroit entre laïcité et libertés publiques

Si on examine la liste des causes données par Catherine Colliot-Thélène et Philippe Portier pour expliquer le passage de la sécularisation à la profanation, on constate que l'action du politique n'est pas absente : les lois scolaires de 1881 à 1886, créant l'obligation de l'instruction, la gratuité et la laïcité de l'école publique, ont développé l'école. La liberté de la presse de 1881 fut décrite comme un acquis permettant que, chaque matin, le gouvernement passe devant le « tribunal du peuple ». D'autres lois sur les libertés publiques (liberté de réunion, syndicale, des sociétés de secours mutuel, d'association) ont favorisé le développement, face à « l'État républicain », d'une société civile et diminué ainsi la verticalité du pouvoir.

La loi de 1905, proclamant la liberté de conscience et le libre exercice des cultes, est la dernière de ces grandes lois de liberté publique. Ces différentes lois ont profité à la religion : la presse catholique est beaucoup plus libre sous la IIIe République qu'auparavant ; les réunions religieuses, sévèrement règlementées quand elles avaient lieu hors des édifices du culte, peuvent désormais se tenir sans autorisation préalable ; des syndicats chrétiens se créent ; même la loi de 1901, si elle est hostile aux congrégations, favorise l'essor d'autres associations religieuses. On ne comprend pas la persistance de l'anticléricalisme si l'on ignore que les lois laïques participent au développement des libertés publiques[78]. Il se produit moins une diminution de l'influence sociale du catholicisme qu'un basculement de ses liens privilégiés avec l'État vers une place importante dans la société civile.

Cette dynamique ne s'est pas opérée sans difficulté. Il existe, chez les bourgeois républicains au pouvoir, la peur de la religion, mais aussi la peur du peuple : on a instauré le suffrage semi universel en 1848 et… le peuple a élu une assemblée monarchiste et un président bonapartiste ! Pourtant, Jules Ferry est clair : la cause principale de l'échec de la Révolution française a été « la religion jacobine ». 1793 est largement responsable du 18 Brumaire et la République, dont c'est la troisième tentative !, doit répudier le jacobinisme et le bonapartisme, doctrines de la « liberté subordonnée », pour pouvoir réussir (cf. Gaillard, 1989 : 120-129). L'instauration de la morale laïque fait partie de cette organisation de la liberté qui comprend un volet juridique et un volet éducatif dont l'école est le principal, mais

78. Avec des limites, notamment face aux anarchistes et aux congrégations.

non l'unique vecteur[79]. Elle est l'accompagnatrice éducative de l'instauration des libertés publiques.

La morale laïque : une éducation à la liberté

En étudiant les cahiers des écoliers (Baubérot, 2009), on s'aperçoit que la morale laïque enseigne que « la liberté est le premier des droits ». L'être humain *doit* faire le bien mais *peut* faire le mal : sa liberté le rend responsable et s'oppose à la « fatalité » qui préside au monde des choses et des animaux. À cette liberté anthropologique, s'ajoute une liberté historique « acquise au cours de la civilisation et du progrès », qui prend la double forme de la « liberté civile » et de la « liberté civique »... même s'il existe encore des atteintes à la liberté. Et bien sûr, l'enfant a besoin d'être guidé, d'obéir pour se préparer à vivre « en homme libre dans un pays libre ».

L'insistance néo-kantienne sur le « devoir » s'articule avec l'exaltation des droits : les droits de l'un sont les devoirs de l'autre et réciproquement. C'est la « règle d'or » de la réciprocité. Elle est reliée à une conception inconditionnelle de la dignité humaine qui tranche avec le « darwinisme social » scientiste, racialiste et sexiste qui existe alors. À cette dignité inconditionnelle s'ajoute une dignité morale qui varie selon les conduites. Là encore, on ne trouve aucun essentialisme, ni stigmatisation d'un groupe à une époque où fleurissent « les doctrines de la haine » (Leroy-Beaulieu, 1902). On enseigne que plus les droits et les libertés augmentent, plus la conscience morale doit être développée. Si, à un niveau individuel, morale et justice peuvent ne pas se recouper, à un niveau collectif les mauvaises conduites, cumulées, nuisent au bien d'un pays et donc de ses habitants, alors que les bonnes lui profitent : c'est la « doctrine de la solidarité »

79. La médecine est également un vecteur important, cf. Baubérot et Liogier (2010).

qui devient, au tournant du siècle, le « solidarisme », dont le système français de redistribution sociale est issu.

« Nous sommes les héritiers de ceux qui sont morts, les associés de ceux qui vivent, la providence de ceux qui naîtront », affirme la morale laïque. Chacun a reçu, en naissant, un certain état de civilisation, acquis par le « travail » accompli par les « ancêtres ». Cette « dette » doit inciter à devenir un agent du progrès social et moral, à contribuer à de nouvelles avancées de la civilisation au bénéfice des générations futures. La morale laïque est à analyser en lien avec l'émergence de la profanation politico-sociale : la fin de la « France des terroirs » où s'organisait, sous l'égide des notables, une surveillance et une entraide mutuelle. Institution séculière, l'école doit former des individus-citoyens capables d'intérioriser des règles, de connaître leurs droits et leurs devoirs, alors même qu'ils sont de plus en plus détachés des allégeances traditionnelles et du regard surveillant d'autrui.

La question de la religion n'est donc qu'un cas particulier d'un processus plus vaste. Si le rapport de chacun à la religion devient socialement facultatif, c'est parce que les individus-citoyens sont plus libres de choisir le sens de leur vie. La religion devient un choix personnel, dans le même mouvement où les fils ne font plus forcément le métier de leur père et où les filles obtiennent progressivement un rôle professionnel. Instituteurs et institutrices veulent qu'un itinéraire personnel s'offre à leurs élèves. Les espoirs d'ascension sociale que procure l'école insèrent ces derniers dans une sorte d'aventure collective où les progrès (scolaires et moraux) de chaque écolier constituent un élément du « progrès » de la République, de l'humanité. La morale laïque est le chantre du progrès.

Le moment 1905

En 1905, la morale laïque a socialisé une génération. Le contexte est donc une forte croyance dans « le progrès », une forte prégnance des institutions symboliques séculières, une démocratisation de la vie politique et sociale (le système des partis a succédé à celui des notables, surtout à gauche). À cela s'ajoute la possibilité d'une confiance dans l'État républicain : la République s'est établie dans la durée. Si les soubresauts liés à l'affaire Dreyfus (plus que l'affaire elle-même) ont donné quelque crédibilité au thème de « la République menacée [par les congrégations] », ce discours s'est usé. Remise du traumatisme de la guerre franco-prussienne, la France peut se considérer comme une grande puissance et envisager l'avenir avec un certain optimisme. Après le désastre de 1870, le pays a refait ses finances, ses armées, sa flotte. Il a fondé un empire colonial, le second du monde[80]. Dans les domaines scientifique, artistique, littéraire, la France a continué sa « marche en avant ».

Tout cela peut expliquer, d'un point de vue de sociologie historique, pourquoi le type de laïcité inclusif a réussi à rallier les tenants d'autres formes de laïcité, à effectuer le pari apaisant d'une certaine acclimatation, à terme, de l'Église catholique à la laïcité, *versus* la recherche conflictuelle de son affaiblissement. Mais attention à l'effet d'optique. La reconstitution historienne induit un point de vue différent de celui des acteurs. La Belle Époque ne fut telle qu'*a posteriori*. La France d'alors affrontait de multiples problèmes. L'avenir est d'ailleurs toujours plein d'incertitudes et de menaces. En 1905, les polémiques, les accusations de « trahison » de l'idéal laïque ont été virulentes. La loi de 1905, œuvre collective, est

80. L'article 43 de la loi prévoit une application différenciée dans l'Empire colonial.

aussi le chef-d'œuvre d'un homme, Aristide Briand, qui a su « faire l'histoire ». L'étude de l'élaboration de la loi induit des réflexions sans fin sur la dialectique structure-individu.

Avatars et déclin de la croyance au progrès

Le déclin de la croyance au progrès constitue un changement structurel, par rapport au second seuil, et aussi par rapport à l'époque historique inaugurée par les Lumières. À l'hypothèse de Marcel Gauchet (1985) d'une récente « sortie de la religion », s'ajoute celle d'une actuelle sortie sociétale des Lumières. Ce processus n'est pas dû au fait que les Lumières seraient à l'origine des régimes totalitaires, comme le prétend un discours conservateur. Il s'agit d'une crise de la réussite. Outre que la part d'ombre des Lumières (dynamisme impérialiste de l'Occident) est maintenant manifeste, la réussite même du projet a engendré de nouveaux problèmes auxquels les sociétés globalisées se confrontent.

Les années 1930 constituent, en Europe, le début d'un désenchantement, engendré par une réflexion *a posteriori* sur un événement structurant, qui n'est plus un cataclysme « naturel » comme le tremblement de terre de Lisbonne, mais une catastrophe, conséquence du progrès scientifico-technique humain : l'effroyable tuerie (et des phénomènes nouveaux tels les gaz asphyxiants) de la Grande Guerre. Plus tard, la réflexion sur Auschwitz, mais aussi sur Hiroshima, en fait de nouveaux événements structurants, qui ne mettent pas seulement en jeu la barbarie totalitaire mais aussi la politique étrangère d'un pays démocratique (et… impérialiste).

Cependant ces trois événements donnent lieu, le plus souvent, non à une critique frontale de la narration du progrès, mais à la mise en avant d'une opposition entre un mauvais progrès guerrier et un bon progrès pacifique, le contraste effectué entre le nucléaire militaire néfaste et le nucléaire civil faste en étant le symbole. Las, deux autres événements structurants rendent aujourd'hui impossible cette dissociation. Avec le premier, Tchernobyl (avril 1986), la démonstration est incomplète car, pouvait-on prétendre, cette catastrophe manifestait surtout la faillite du modèle soviétique. Le second est plus significatif, et ses conséquences vont s'étaler sur le long terme. Il s'agit de Fukushima (mars 2011), advenu dans le pays d'Asie qui, tout en résistant victorieusement à la colonisation, s'est inséré de façon précoce dans une sorte de synthèse du « modèle occidental ».

Fukushima donne du grain à moudre au récit annonçant des catastrophes écologiques qui, de façon aussi unilatérale que l'ex-fascination du progrès, s'est développé ces dernières décennies. Le questionnement de la science sur ses propres applications techniques constitue un renversement par rapport aux Lumières, où l'on pouvait être ébloui devant les effets techniques des sciences balbutiantes. Il génère de l'incertitude, comblée par un discours de certitudes négatives, retournant le progrès contre lui-même, annonçant une apocalypse technique, nouvelle sorte de fin du monde.

L'apocalypse religieuse espérait un autre monde, elle se voulait une promesse consolante. La modernité nous a dit : il n'existe qu'un seul monde, mais celui de demain sera meilleur que celui d'aujourd'hui. Dans un texte emblématique d'une sécularisation-transfert, *L'esquisse d'un tableau historique des progrès de l'esprit humain* (1793), Nicolas de Condorcet se veut porteur d'une « espérance » (terme qui revient comme un leitmotiv) : « il arrivera ce moment où le soleil n'éclairera plus que des hommes libres, ne connaissant d'autre maître que leur raison ». Le « thème moderne du progrès partage avec celui, religieux, de la fin du monde, la croyance selon laquelle le temps [...] est la dimension qui rapproche les hommes d'un terme désirable : soit par la volonté divine, soit par l'alliance entre la temporalité et la liberté humaines. [...] La nouvelle imagerie de la catastrophe transforme en profondeur l'expérience du temps [...]. Ce n'est plus de la permanence du monde (avec ses injustices) qu'il faut se consoler, mais du risque de sa disparition définitive et sans lendemain » (Foessel, 2014 : 65).

Ceux qui pensent qu'il n'existe qu'un seul monde se retrouvent dans une situation où il risque de n'y avoir plus rien à « sauver » dans le futur. Le politique a beaucoup de mal, alors, à demander des efforts pour construire l'avenir. Beaucoup se « consolent » par la reconstruction imaginaire d'un passé fondateur, paré de toutes les vertus : Clovis et les « racines chrétiennes » de la France pour la laïcité identitaire ; invocation incantatoire des Lumières pour les laïcités religion civile, qui ne les analysent pas dans leur complexité. Ces deux discours d'exaltation des racines font fi, et de la connaissance historique, et de l'historicité : chaque période concourt à la construction du présent et du devenir. Isoler une période relève du mythe.

Il n'est pas étonnant, alors, que d'autres reconstruisent, de façon tout autant mythique, le passé fondateur de leur religion, ressourcement qui leur annonce l'espérance d'un autre monde. Chaque camp se croit totalement différent de l'autre. Pour le sociologue, méthodologiquement agnostique, les différents adeptes de ces croyances, beaucoup moins opposées qu'il n'y paraît, sont tous les enfants de leur siècle où « l'urgence prend le pas sur l'attente et l'accélération sur le progrès » (*Id.*). Chacun entend des directives contradictoires : le harcèlement publicitaire et son incessante injonction à consommer, avec la représentation d'un être humain qui s'accomplit dans l'avoir ; l'ampleur d'une crise où chacun doit faire des « sacrifices » ; l'accusation alarmiste : « nous épuisons la planète » et seule la diminution drastique de notre consommation la « sauvera »[81].

La profanation des institutions

Outre des mutations importantes de l'État[82], on se trouve dans un processus généralisé de désinstitutionnalisation (de « profanation », diraient Catherine Colliot-Thélène et Philippe Portier), des institutions qui, grâce à une sécularisation-transfert, avaient déstabilisé les institutions religieuses. En effet, « la confiance [qui] est une notion fondamentale des institutions de la modernité » (Giddens, 1994, p. 34), est allée de pair avec trois croyances « modernes ». D'abord, la croyance que la santé, le prolongement de la vie, l'instruction, la connaissance sont des biens extrêmement désirables. Ensuite, la croyance que, hors de la médecine, pas de santé possible, et hors de l'école, pas de connaissance véritable. Enfin, la croyance que les agents de ces institutions, les clercs séculiers, sont des personnes compétentes et morales : la relation médecin-malade est celle « d'une confiance et d'une conscience », l'autorité du professeur ne saurait être mise en doute.

Ces croyances s'affaiblissent aujourd'hui. La réussite même de la médecine déstabilise l'idéal de l'allongement indéfini de la vie au profit d'une revendication du « droit de mourir dans la dignité » ; la multiplication des diplômés démonétise le diplôme. Ensuite, dans la mesure où la santé reste désirable, la montée en puissance de « médecines douces », « alternatives » entame le

81. Le 19 août 2014, le « 20 heures » de France 2 annonce que « les ressources annuelles de la terre ont été consommées » et que désormais, ce qui sera consommé partout dans le monde jusqu'à la fin de l'année le sera « au détriment des générations futures ».

82. Le déclin de « l'État providence » induit un renforcement des initiatives de la société civile (y compris dans sa composante religieuse).

monopole de l'institution médicale; presse, télévision, Internet font concurrence à l'école dans l'acquisition de connaissances. Enfin, les clercs séculiers, médecins et professeurs, sont descendus de leur piédestal: les procès intentés aux soignants se banalisent et l'autorité des enseignants est contestée.

Parfois, la confiance, hier presque aveugle, a cédé la place à une méfiance quasi systématique. Certes, mais les mêmes qui se chagrinent de cette situation sont les premiers à trouver ridicule l'enseignement des « devoirs » par la morale laïque de la IIIe République! Jugement moraliste dans les deux cas, qui fait l'économie d'une démarche de connaissance. En général, d'ailleurs, si médecine et écoles sont moins des institutions normes, elles deviennent davantage des institutions ressources que le *laos* veut utiliser en fonction d'itinéraires individualisés. Cela peut générer une transformation et non un déclin. C'est le cas pour l'institution médicale qui s'adapte peu à peu. Dans certains cas « une laïcité concrète et apaisée [est mise] au service des patients à l'hôpital » (Moro *et alii*, 2014)[83]. En revanche, régulièrement dénoncés, la lourdeur, le fixisme de l'institution scolaire, qui renforce les inégalités sociales au lieu de les combattre, mettent professeurs, élèves et parents dans des situations de plus en plus difficiles. Ce n'est pas un hasard si deux lois, à tendance opposée, ont été votées presque en même temps: celle sur les droits des malades (2002) et celle interdisant les signes ostensibles à l'école publique (2004).

83. Ainsi l'enquête de Christophe Bertossi et Dorothée Prud'homme (2011) montre comment les hôpitaux de la région parisienne construisent de nouvelles « interactions entre soignants et soignés » (correspondant aux changements dus au troisième seuil) et font face aux difficultés qui peuvent résulter de certaines orthopraxies religieuses ou de discriminations raciales. À propos d'un problème monté en épingle par les médias, ils écrivent: « Le refus de soin ne tient qu'une place infime dans les relations entre patients musulmans et personnels hospitaliers, dans les établissements publics comme privés. »

Un troisième seuil de laïcisation

Les incidents, les « affaires », où des motifs religieux sont invoqués (à tort ou à raison), doivent être analysés dans le cadre des changements qui s'opèrent au sein même des institutions, et de la capacité de ces dernières à y faire face. Sinon, ils sont incompréhensibles, hypertrophiés, donnent lieu à de sinistres caricatures, à une inflation médiatique et, au bout du compte, à une stigmatisation acritique dont la facilité est proportionnelle au positionnement à la droite de l'échiquier politique.

En reprenant les critères des seuils de laïcisation, le troisième seuil[84] peut, de façon ramassée[85], s'énoncer ainsi. 1. Les institutions porteuses d'espoirs symboliques séculiers sont atteintes par le déclin de la croyance à la conjonction des progrès. Les attitudes de déférence tendent à être remplacées par des stratégies dites « consuméristes » qui forment le contexte de la revendication de « droits » à l'intérieur de ces institutions. 2. La socialisation tend à être effectuée par le système médiatique (au sens large)[86] qui induit un fort mimétisme social où l'attrait d'identités spécifiques conduit à les percevoir comme des ressources culturelles, voire des recours. 3. Les frontières construites entre le « religieux » et le « non religieux » s'euphémisent. Les croyances mêlent divers ingrédients symboliques

84. Le basculement dans le troisième seuil s'est opéré de Mai 1968 (critique des institutions trop sûres d'elles-mêmes et dominatrices) à la première affaire de foulards en 1989 (défense de l'institution école comme « sanctuaire »). Cette périodisation est liée à l'objet d'étude (la laïcité), mais on la retrouve presque identique (1965-1985) chez Sirinelli (2007) à partir d'autres critères (complémentaires aux miens) : passage à une société « post-industrielle », entrée en globalisation, immersion dans une « culture-monde ».

85. Pour une définition plus complète, Baubérot et Milot (2011 : 236-252).

86. Lui-même atteint par le processus de désinstitutionnalisation avec le développement des blogs, des réseaux sociaux, etc.

(Liogier, 2012). Un pluralisme éclaté se développe, en lien avec un double mouvement de massification et d'individualisation.

Voilà le cadre structurel. S'y ajoute un désenchantement rapide : la « France des années 1960 était celle des 4 P : la paix retrouvée, la prospérité et ses retombées sur les travaux et les jours, le plein-emploi et la croyance dans le progrès » (Sirinelli, 2014 : 15). Avec le premier choc pétrolier (1974), une crise socio-économique commence et, liée à elle, se produit une mutation de la présence musulmane en France métropolitaine : à un invisible « islam d'hommes seuls », de travailleurs immigrés effectuant des allers-retours entre la France et les pays où vivaient leurs familles, se substitue (par le durcissement des lois sur l'immigration) un « islam des familles » s'installant de façon stable sur le sol métropolitain. Au même moment, la désindustrialisation et la montée du chômage constituent un tournant. Une culture ouvrière se délite et la gauche, parvenue au pouvoir, affronte son impossibilité à « changer la vie » comme elle l'avait promis, s'en prend déjà aux immigrés musulmans (traités de « chiites ») au moment de son recentrage, en 1983.

Ces mutations affectent la laïcité française (Portier, 2015). Le tournant de 1989 se produit dans un double contexte : structurel avec l'établissement du troisième seuil de laïcisation qui induit une invocation de la laïcité, cherchant, en fait, à réenchanter les institutions séculières ; conjoncturel avec la fin des espoirs d'un changement profond de la société, une gauche qui, désormais, ne peut gouverner que dans le cadre d'un système capitaliste non contesté (chute du Mur de Berlin). « L'islamisme », voire l'islam, devient, pour certains, la figure de l'ennemi, dans un monde qui reste représenté de façon binaire (Bowen, 2014). Au-delà des raisons géopolitiques qui favorisent un tel transfert, cela permet un recentrage idéologique. Le débat entre laïques aurait pu porter sur la meilleure façon d'affronter ces transformations radicales. Il va se focaliser sur une question réductrice : est-il permis de qualifier la laïcité sans la trahir ?

« L'ignorance conduit à la servitude »[87]

L'idée d'un nécessaire renouveau de la laïcité n'est pas neuve. En 1958, le Convent du Grand Orient de France adopte une résolution où il constate la « désaffection malheureusement incontestable » de la jeunesse à l'égard de « l'idéal laïque ». Il estime qu'il convient de « repenser cet Idéal dans ses fondements ». Cependant, la loi Debré (1959) modifie profondément la donne : l'heure n'est plus à la réflexion, avec la part d'autocritique qu'elle implique, mais à la mobilisation, au « combat ».

Après 1984, quand ce combat a échoué, la Ligue de l'enseignement entreprend à sa manière de rénover la laïcité : idée que les dominations politico-économiques, les « cléricatures civiles » peuvent s'avérer plus dangereuses que les « cléricalismes » religieux, dialogue avec les aumôniers catholiques, etc.

Laïcité avec ou sans adjectif

Le conflit interne entre militants laïques est déjà engagé lorsque la première « affaire de foulards » (1989) radicalise les oppositions. Quand la Ligue utilise l'expression de « laïcité

87. Précepte de la morale laïque sous la IIIe République.

plurielle», le GODF fait du refus ou de l'ajout d'un adjectif au terme «laïcité» le critère qui permet de distinguer les vrais laïques des autres. Double succès: la Ligue renonce rapidement à l'emploi du qualificatif; la dénonciation d'une «laïcité adjectivée» va devenir, durablement, un lieu commun. Elle l'est toujours aujourd'hui[88].

Ce succès est dû en bonne part au fait que, pour bien des militants, on a assisté à une série d'«atteintes» à la laïcité. De fait, celle-ci est devenue moins *séparatiste* (maintien du statut de l'Alsace-Moselle, loi Debré et ses suites, subventions indirectes, etc.). Tout adjectif accolé à «laïcité» fait craindre l'accentuation de ces changements. À cela s'ajoute une interprétation de la loi de 1905 qui ne correspond pas à son contenu (relégation de la religion dans «le privé», «l'intime»), cela conduit à percevoir la laïcité comme perpétuellement «menacée».

Le refus de tout adjectif s'est montré opératoire quand Nicolas Sarkozy a lancé l'expression de «laïcité positive». Mais ce dernier a vite compris qu'il pouvait mener sa politique identitaire en invoquant seulement «la laïcité». Et Marine le Pen s'est bien gardée d'accoler le moindre adjectif à «laïcité». Certains s'y sont laissés prendre, telle Élisabeth Badinter affirmant: «En dehors de Marine Le Pen, plus personne ne défend la laïcité» (*Le Monde des religions*, septembre 2011) et mettant plus de quatre jours (une éternité dans le temps médiatique!) avant de rectifier partiellement le tir. Le GODF et d'autres organisations laïques dénoncent, eux, l'usage que la leader du FN fait de la laïcité. C'est reconnaître implicitement que l'ajout ou non d'un adjectif ne constitue pas un critère déterminant pour s'y reconnaître en la matière.

Cette dénonciation reste essentiellement morale et peine à développer une argumentation rigoureuse. La croyance

88. Cf. p. 83 et 89.

qu'il n'existe qu'une (représentation de la) laïcité essentialise celle-ci. Le slogan de la « laïcité sans adjectif » a voilé qu'une transformation s'est produite dans l'usage social dominant du terme de « laïcité ». Chez certains, celui-ci est devenu un instrument de dissimulation, et donc de *discrimination*. Ainsi, si vous voulez aborder la question de « l'égalité des sexes », vous devrez envisager des inégalités politiques, économiques, symboliques, sociales qui existent toujours en France. Vous serez incité à vous montrer critique à l'égard de forces puissantes. Mais si vous couplez les items « égalité des sexes » et « laïcité », miracle ! les inégalités qui se trouvent au cœur de la société française disparaissent comme par enchantement. Il ne reste plus que la dénonciation d'inégalités souvent réelles, parfois supposées, qui se rencontrent dans des religions, surtout dans celle qui ne ferait pas vraiment partie de « l'identité française ». La focalisation sur le combat contre les tenants de la « laïcité avec adjectif » a détourné l'attention des usages sociaux et politiques du mot même de « laïcité ».

Dans des manifestations qui ont lieu chaque 9 décembre (jour anniversaire de la loi de 1905), il est de nouveau regretté que la laïcité ne soit guère attractive auprès des « jeunes ». Peut-être est-il temps, pour l'ensemble des partisans d'une laïcité non discriminatoire, de reprendre, à nouveaux frais, le souhait du Convent du GOFD de 1958 et la tentative de la Ligue lors de la seconde moitié des années 1980.

Connaître la loi de 1905

La contribution d'un historien-sociologue consistera à plaider pour une meilleure prise en compte de démarches de connaissance. Trop souvent les discours de militants ou de dirigeants d'organisations laïques comportent des propos au premier degré. Voici donc, pour conclure, quelques pistes soumises au débat.

Valentine Zuber (2014) a montré que la sacralisation de la Déclaration des droits de 1789 a longtemps permis de différer l'application de certains de ses articles. *Mutatis, mutandis*, la sacralisation de la loi de 1905, que l'on affirme « gravée dans le marbre », permet de la contourner. Certains réclament une extension de la *neutralité* religieuse dans l'espace public, prétextant un « vide juridique ». Cette expression dissimule la revendication d'interdictions refusées en 1905. D'autres (pas seulement du côté des laïcités ouverte et identitaire) veulent autoriser des bâtiments publics à afficher des symboles religieux, sans se soucier de l'article 28.

De façon plus globale, la loi de séparation des Églises et de l'État met à égalité le droit de croire et de ne pas croire (les articles 31 et 32 le symbolisent fortement en prévoyant les mêmes peines s'il y a atteinte à chacun de ces droits). Elle dissocie donc laïcité et sécularisation. Avec cette loi, la laïcité devient la règle politique commune d'individus et de groupes entretenant des rapports fort différents à la sécularisation. Prenant la suite d'autres lois laïques, la loi de 1905 impose la liberté aux religions. Hors atteinte manifeste (et qui doit être prouvée) à l'ordre public démocratique, elle ne les réprime pas.

Un débat « éclairé » suppose que soient exposés et connus l'essentiel des délibérations parlementaires, les amendements refusés et les justifications des articles adoptés. Ensuite, comme dans toute démocratie, il est permis à chacun d'affirmer vouloir changer la loi. Encore faut-il alors indiquer clairement en quoi elle est défectueuse et assumer de défendre une « nouvelle laïcité » soit de droite, soit de gauche (Hennette-Vauchez, Valentin, 2014).

Deux systèmes d'emprise en délicatesse avec la République

De façon récurrente, il est prôné un durcissement de la laïcité (en fait de la *neutralité* religieuse) au nom de la « menace du communautarisme ». Cette expression-valise, rarement précisée, permet de clore le débat, de jeter l'anathème. On répète à satiété, comme une évidence : le « modèle laïque français est en train de se déliter à cause des communautés ».

« La mémoire sacralise et l'histoire laïcise », a coutume de dire Pierre Nora. On invente une « France républicaine » qui n'a jamais existé. Cela constitue un indice de la dépolitisation du terme « laïcité » et de sa culturalisation. Il a toujours existé des communautés en France et, si la loi de 1905 a notablement diminué les tensions qui pouvaient exister entre elles, elle n'a pas concerné leur « entre soi »[89].

Pendant des décennies, des catholiques choisissent un médecin de leur confession, militent dans des syndicats catholiques, lisent la « Bonne presse », mettent leurs enfants au patronage, au scoutisme catholiques et à l'école libre. Les mouvements d'action catholique encadrent les individus. Très offensifs, ils développent un « activisme apostolique » prosélyte à partir du « mandat » que leur confie l'évêque dont ils dépendent. Organisés de façon différente suivant les milieux sociaux, ils ont comme mot d'ordre : « Nous referons chrétiens nos frères ».

De son côté, le Parti communiste et ses satellites (CGT, presse, puissant réseau associatif pour les adultes et les jeunes) induit (entre autres) la sociabilité communautaire de la « Ceinture rouge » entourant Paris : « Pour les résidents, elle conférait une identité [...]. Habiter la banlieue communiste signifiait vivre dans un espace dont les rues honoraient

89. Leur degré d'ouverture dépend essentiellement de la dynamique sociale.

les événements chers à la gauche ; les omniprésentes rues Stalingrad étaient des lieux privilégiés de la vie culturelle, lieux où la fête du Travail prenait des allures d'un grand festival communal. La Fête de l'Humanité [...] rassemblait les plus grands artistes du moment et offrait de nombreuses opportunités d'adhérer au Parti. » On achetait *l'Humanité* avec son ticket de métro et tutoyait « le médecin chef du dispensaire qui [était] un camarade » (Stovall, 2014 : 62).

Pour des immigrés comme pour beaucoup de Français d'origine, les grandes forces intégratrices, socialisatrices, furent, jusqu'à l'avènement du troisième seuil, les deux systèmes d'emprise qu'étaient l'Église catholique et le PCF. Et il s'agissait de l'Église d'avant Vatican II et d'un Parti communiste stalinien, sortes de contre-sociétés. Chacune des deux considérait la République avec méfiance (trop laïque, trop capitaliste) et imposait son propre système de normes, morales et religieuses ou morales et politiques. Des deux côtés, il a existé un contrôle de la sexualité et de la conjugalité. Si on pouvait s'appuyer sur son groupe, il fallait aussi s'en libérer, réaliser sa propre « émancipation » sans l'attendre d'un État autoritaire : au libéralisme de la loi de 1905 envers le catholicisme a répondu le refus de toute loi ou mesure maccarthiste envers le parti communiste.

« Communautarisme politique » et « communautarisme social »

Qu'en est-il aujourd'hui du « problème communautaire » en France ? Pour permettre au débat de progresser, on peut avoir une *disputatio* avec des personnes dont la pensée est précise. Ainsi Catherine Kintzler (2014 : 45) distingue entre « former communauté » et le rejet du « communautarisme », qu'il soit politique ou social.

Quand elle inclut l'« accommodement raisonnable » canadien dans le « communautarisme politique » (= l'« officialisation de la différence des droits »), elle se trompe : au Canada, cet accommodement corrige *in situ* l'effet d'une discrimination indirecte pour un individu sans créer un droit différencié pour un groupe. Will Kymlicka (2007 : 28, 31) rappelle que le Canada se situe dans un cadre où « tous les groupes doivent respecter les valeurs [politiques] libérales de base des droits de l'homme et de la démocratie ». *A fortiori*, en France, le « communautarisme politique », tel que le définit Kintzler, n'existe pas. Une législation spécifique s'applique en Alsace-Moselle, or personne ne parle de « communautarisme » à ce sujet.

Reste ce que Kintzler appelle le « communautarisme social » (= « l'exercice d'une pression sociale négatrice de la liberté des individus »). Elle prend divers exemples : menaces de mort contre des personnes dites « apostates », imposition d'une tenue vestimentaire, mariages forcés, etc. La laïcité, écrit-elle, ne peut laisser « ce type de communautarisme social exercer des représailles impunément ». Il faut être « ferme sur le droit fondamental à vivre séparé [de sa communauté] ».

Fort bien, deux indications cependant. D'abord les mesures prises visent-elles juste ? Prenons l'exemple d'une de mes interviewées qui porte un foulard et entretient une relation de proximité et de distance avec son groupe d'appartenance. Elle a cherché du travail dans une association humanitaire areligieuse. Vu le climat actuel, aucune ne l'a prise. Résultat : elle est employée dans une association islamique, contrairement à ce qu'elle souhaitait au départ. Qui a limité sa possibilité de distanciation avec son groupe ? Qui limitera l'autonomie des femmes si, au prétexte de *neutralité* religieuse, on aboutit à des interdictions professionnelles ?

Le fait d'interdire (en droit ou de fait) indistinctement des conduite libres et des conduites contraintes, de se focaliser sur l'apparence et le réversible, induit une double conséquence contreproductive : on n'isole pas les extrémistes du reste de leurs communautés, au contraire on soude des communautés qui se sentent stigmatisées ; on rend peu attractives (c'est un euphémisme !) des conduites de distanciation qui apparaissent alors comme une sorte de trahison, de passage à ce qui est perçu comme un camp adverse (et, effectivement, s'est érigé tel).

Ensuite, les exemples donnés par Kintzler concernent tous des pressions possibles exercées par des gens considérés comme musulmans[90]. Cela rejoint le propos dominant. Or, dans les différents milieux convictionnels et sociaux, le groupe constitue un lieu ambivalent de pressions et d'échanges, de construction de la liberté et de son enfermement. C'est également le cas des institutions, y compris l'institution scolaire. Il ne faut, si on veut utiliser l'expression de « communautarisme social », ni se focaliser sur une collectivité, ni s'en tenir à des généralités où l'implicite renvoie aux « affaires » mises en avant par la communication de masse.

Toujours et partout, l'individu doit conquérir sa liberté, avec et contre son environnement social. Ne serait-ce pas, d'ailleurs, de cette façon dialectique qu'il faudrait concevoir « l'émancipation », autre mot valise, souvent invoqué avec l'idée naïve sous-jacente que certains seraient définitivement « émancipés » ? Tout ce qui favorise les appartenances multiples (l'individualité étant la résultante personnelle d'identités plurielles en mouvement), ainsi que la lutte contre les discriminations (malheureusement, la gauche au pouvoir n'a pas rétabli la Halde) contribuent à cette liberté.

90. Parfois, des motifs religieux jouent un rôle. Mais attention à ne pas interpréter des conduites qu'en termes de religion.

Le ressenti victimaire[91]

Des formes très nouvelles de relations communautaires s'instaurent aujourd'hui. La multiplication des sites web, la télévision à la carte, le câble, les réseaux sociaux, l'extension exponentielle de l'univers virtuel, etc., déterritorialisent en partie les relations sociales. À sa volonté, chacun peut rencontrer et dialoguer avec ceux qui lui ressemblent (du moins c'est ce qu'il croit), ceux auxquels il s'identifie, quel que soit le lieu du globe où ils vivent. En revanche, il peut ignorer ses voisins. Les groupes informels d'affinité sont transnationaux. Dans certaines circonstances, ils peuvent prendre des aspects contre-sociétaux.

Les conséquences sont importantes. Mes interviews confirment le constat d'autres chercheurs : la montée de postures victimaires, où chaque problème propre que l'on rencontre *hic et nunc* acquiert une dimension globale. Des athées et des agnostiques trouvent qu'« il n'y en a que pour les religions » ; des catholiques estiment que leur religion est méprisée, qu'il est possible de la ridiculiser sans risque ; des protestants se plaignent du silence des médias, sauf s'il s'agit d'évangéliques qui s'estiment en butte à des stéréotypes caricaturaux ; des juifs s'inquiètent d'une montée de l'antisémitisme et de la diminution de l'indignation sociale face à cette progression ; des musulmans s'alarment du développement de l'islamophobie, cautionnée par une islamophobie d'État.

Chacun peut multiplier les exemples prouvant ce qu'il avance, d'autant plus qu'il s'informe par le biais de sites et de réseaux sociaux qui les lui donnent en boucle. Propos, incidents qui, hier, auraient été pratiquement inconnus, restent aujourd'hui, excepté les actes les plus graves, dans l'invisibilité

91. Cf. l'Avertissement (p. 5).

sociale, sauf pour des membres de la collectivité concernée, qui les ressasse à satiété. Chacun peut se convaincre, jour après jour, qu'il est un bouc émissaire voué à la vindicte publique. À cela, s'ajoute la logique de la communication de masse qui produit une inflation dans la réactivité (il faut correspondre à ses lois implicites pour réaliser un « buzz », obtenir une visibilité sociale maximale).

Il ne s'agit ni de nier la réalité de certains faits, ni de renvoyer les diverses collectivités dos à dos comme si elles se trouvaient toutes atteintes de façon identique. Il existe des rapports de domination, des inégalités dans la distribution des biens, qu'ils soient matériels ou symboliques. L'antisémitisme et l'islamophobie augmentent de façon préoccupante. Mais Husserl comparait la réalité à un cube dont on ne peut cerner toutes les faces en même temps. Il faut donc l'aborder sous différents angles. Celui-ci est destiné à attirer l'attention sur le paradoxe lié à la montée de ressentis victimaires : chacun possède une connaissance aiguë des atteintes effectuées envers ses « semblables » et, souvent, une méconnaissance presque complète des atteintes portées aux autres.

Le développement du relationnel par affinité, l'enflure émotionnelle, va contre l'empathie, l'ouverture à la différence. Il est de plus en plus difficile d'imaginer le point de vue des différents autres, leurs manières de considérer les choses, le fait qu'eux aussi peuvent se sentir lésés, atteints dans leur intégrité symbolique, voire physique. « Coexister, c'est comprendre ce qui peut offenser l'autre », indique avec justesse Jean-Marie Le Clézio (*Le Monde*, 13 septembre 2014). La capacité d'objectivation devient réservée à de froids techniciens, aux bureaucrates qui la coupent de toute expérience personnelle. La laïcité ne pourrait-elle pas inclure l'idée (politique) d'une gymnastique intellectuelle articulant l'attachement à ses convictions propres et la capacité de prendre une certaine distance avec elles pour considérer l'autre avec empathie ? Ne serait-elle pas la recherche d'un équilibre des frustrations entre les différentes familles de pensée d'une société ?

Une intelligence du symbolique

Enfin, restent d'actualité les questions soulevées par la Ligue dans la seconde partie des années 1980. On lui a reproché de brasser trop large, de « mettre la laïcité à toutes les sauces ». Cette critique n'est pas infondée et peut conduire à concentrer la démarche sur ce qui a un lien fort avec la laïcité : la dimension symbolique du social. Le GODF, les diverses obédiences maçonniques devraient se sentir concernés, eux qui, dans leurs réunions de loges, veulent réaliser un équilibre entre débat rationnel et rituel porteur de symboles.

Dès les années 1970, Cornelius Castoriadis prévenait : « Le monde moderne se présente superficiellement comme celui qui tend à pousser la rationalisation à sa limite. » Cela l'a conduit à se montrer condescendant à l'égard des « bizarres coutumes, inventions et représentations imaginaires des sociétés précédentes ». Pourtant « paradoxalement, en dépit ou plutôt en raison de cette "rationalisation" extrême, la vie du monde moderne relève autant de l'imaginaire que n'importe quelle culture archaïque ou historique » (1999 : 235). Ce diagnostic est toujours pertinent.

« D'un point de vue socio-anthropologique, les religions sont des systèmes symboliques à travers lesquels les hommes et les femmes expriment leur condition humaine et disent le sens de leur vie, de leur solidarité, de leur mort, de leur rapport au passé et à l'avenir, de leur rapport aux autres, au temps et à l'espace, du sens qu'ils donnent au bonheur et au malheur » (Willaime, 2008 : 35). Certes, à condition d'ajouter qu'il existe également des systèmes symboliques non religieux.

Originellement, le symbole était constitué par un bout de bois coupé en deux. Lorsque deux tribus se croisaient, elles vérifiaient si le bout de bâton que chacune d'elle possédait pouvait se raccorder à l'autre. Cela signifiait que leur origine était commune. La réalité observable (le bâton) se reliait à une autre réalité : la signification portée aux aspérités. Cette seconde réalité débordait de beaucoup la première car elle constituait une condensation de toute une histoire représentée, d'un sens mis dans l'action de scinder le bâton en deux, etc. Elle renvoyait donc à autre chose qu'à l'empirie constatable par tout un chacun.

Poursuivons la métaphore : nos sociétés modernes ont estimé que les aspérités de chaque bâton n'avaient rien de fonctionnel. Elles ont produit industriellement, à faible coût, des bâtons bien lisses, formatés à l'identique. Le religieux, l'ensemble du symbolique, ont été non seulement socialement mis entre parenthèse, mais rejetés comme « irrationnels ». Sur beaucoup de plans, nous avons réalisé des progrès indéniables. Cependant, cette réussite s'est doublée d'une perte du sens du symbolique. Entre autres, nous avons négligé le fait que la vie moderne elle-même ne fonctionne pas sans symboles et que le fonctionnel comporte sa propre symbolique. C'est ce qui différencie, par exemple, la marque du simple produit.

Une crise du lien se manifeste. Le flottement généralisé du sens, son instrumentalisation par la sphère financière et marchande reviennent en boomerang. Tout un pan de la réalité sociale apparaît incompréhensible. La société globale tend, à travers les simplifications nécessaires pour une communication de masse, à raisonner au premier degré, à ignorer le réel immergé, à réduire la réalité à l'actualité, elle-même sélectionnée selon les critères de l'apparence et du spectaculaire… et de ce qui plaît au consommateur, « cœur de cible ». Une intelligence rationnelle du symbolique, à l'inverse, prend en compte sa complexité, tient compte du conflit des interprétations, affronte les « faits désagréables » (pour reprendre l'expression de Max Weber), déconstruit le symbolique sans le détruire pour autant, c'est-à-dire sans transformer la démarche de connaissance en "nouveau croire".

Cette démarche implique également de vaincre nos peurs (mauvaises conseillères !) : un mouvement de déstructuration-restructuration se produit à chaque époque. La déstructuration, toujours très visible, tend à faire croire que les choses vont à vau-l'eau. La restructuration n'est jamais donnée au départ. Elle doit, sans relâche, se construire socialement et politiquement. Comment la laïcité peut-elle constituer un facteur d'innovation ? Initier un grand débat public sur cette question, trouver quelques propositions fortes, serait peut-être plus fécond et porteur d'avenir que tous les propos nostalgiques ou stigmatisants.

Bibliographie

Achi, Rabert, 2007. « Laïcité d'empire : les débats sur l'application du régime de séparation à l'islam impérial », in P. Weil (dir.), *Politiques de la laïcité au* XXe siècle. Paris, Presses universitaires de France : 237-263.

Agier-Cabanes, Isabelle, 2007. « La laïcité, exception libérale dans le modèle français », *Cosmopolitique*, 16 : 133-143.

Amédro, Jean-François, 2011. Le Juge administratif et la séparation des Églises et de l'État sous la IIIe République. Thèse de doctorat en droit public. Paris, université Panthéon-Assas Paris II.

Amiraux, Valérie, 2009. « L'« affaire du foulard » en France : retour sur une affaire qui n'en est pas encore une », *Sociologie et sociétés*, vol. 41, n° 2 : 273-298.

Asad, Talal, 2003. *Formation of the Secular*. Stanford, Stanford University Press.

Balibar, Étienne, 2012. *Saeculum. Culture, religion, idéologie.* Paris, Galilée.

Barthélemy, Martine & Michelat, Guy, 2007. « Les représentations de la laïcité chez les Français », in P. Weil (dir.), *Politiques de la laïcité au* XXe siècle. Paris, Presses universitaires de France : 603-629.

Baubérot, Jean, 1990. *Vers un nouveau pacte laïque ?* Paris, Seuil.

—, 2007 [2005]. *Émile Combes et la princesse carmélite : improbable amour*, réédition. La Tour d'Aigues, L'Aube.

—, 2008. *La laïcité expliquée à M. Sarkozy ...et à ceux qui écrivent ses discours*. Paris, Albin Michel.

—, 2009 [1997]. *La morale laïque contre l'ordre moral sous la Troisième République*, réédition. Paris, Archives Karéline.

—, 2011. « L'acteur et le sociologue. La Commission Stasi », in D. Naudier et M. Simonet (dir), *Des sociologues sans qualités ? Pratiques de recherche et engagements*. Paris, La Découverte : 99-116.

—, 2013 [2000]. *Histoire de la laïcité en France*, réédition actualisée. Paris, Presses universitaires de France.

—, 2014 a [2012]. *La laïcité falsifiée*, réédition actualisée. Paris, La Découverte.

—, 2014 b. *Une si vive révolte*. Paris, Éditions de l'Atelier.

—, 2014 c [2007]. *Les laïcités dans le monde*, réédition actualisée. Paris, Presses universitaires de France.

Baubérot, Jean & Liogier, Raphaël, 2010. *Sacrée médecine, Histoire et devenir d'un sanctuaire de la Raison*. Paris, Entrelacs.

Baubérot, Jean & Milot, Micheline, 2011. *Laïcités sans frontières*. Paris, Seuil.

Baubérot, Jean & Regnault, Jean-Marc (dir.), 2007. *Relations Églises et autorités outre-mer de 1945 à nos jours*. Paris, Les Indes savantes.

Bellah, Robert N. & Hammond, Philip E., 1980. *Varieties of Civil Religion*. San Francisco, Harper and Row.

Béraud, Céline & Portier, Philippe, 2015. *Métamorphoses catholiques*, à paraître. Paris, Éditions de la Maison des sciences de l'homme.

Berlinerblau, Jacques, 2012. *How to be Secular*, Boston/New York, Houghton Mifflin Harcourt.

Bertossi, Christophe & Prud'homme, Dorothée, 2011. « La « diversité » à l'hôpital, Identités sociales et discriminations », rapport. Paris, Institut français des relations internationales (IFRI).

Besse, Laurent, 2007. « Une « laïcité ouverte » : les Maisons des jeunes et de la culture (de la Libération au milieu des années 1980) », in P. Weil (dir.), *Politiques de la laïcité au XX*^e^ siècle. Paris, Presses universitaires de France : 443-461.

Birnbaum, Pierre, 1993. « *La France aux Français* », *Histoire des haines nationalistes*. Paris. Seuil.

Borghée, Maryam, 2012. *Voile intégral en France. Sociologie d'un paradoxe*. Paris, Michalon.

Boussinesq, Jean, 1994. *La laïcité française*. Paris, Seuil.

Bowen, John R., 2014. *L'islam un ennemi idéal*. Paris, Albin Michel.

Bruley, Yves, 2004. *1905, la séparation des Églises et de l'État, Les textes fondateurs*. Paris, Tempus.

Bui-Xuan, Olivia, 2004. *Le Droit public français entre universalisme et différencialisme*. Paris, Economica.

Buisson, Ferdinand, 1903. « La crise de l'anticléricalisme », *Revue politique et parlementaire*, 112 : 5-32.

Cabanel, Patrick, 2007. *Entre religions et laïcité, La voie française : XIX*^e^*-XX*^e^ siècles. Toulouse, Éditions Privat.

Capéran, Louis, 1935. *L'invasion laïque, De l'avènement de Combes au vote de la séparation*. Paris, Desclée de Brouwer.

Carcassonne, Guy & Guillaume, Marc, 2014 [1996]. *La Constitution*, réédition actualisée. Paris, Seuil.

Castoriadis, Cornelius, 1999 [1975]. *L'institution imaginaire de la société*, réédition. Paris, Seuil.

Cerf, Martine & Horwitz, Marc (dir.), 2011. *Dictionnaire de la laïcité*. Paris, Armand Colin.

Chevallier, Pierre, 1981. *La séparation de l'Église et de l'École : Jules Ferry et Léon XIII*. Paris, Fayard.

CNEF, 2013. *La Laïcité française, Entre l'idée, l'histoire et le droit positif*. Paris, Éditions BLF.

Collectif, 1987. *Laïcité 2000.* Paris, Edilig.

Colliot-Thélène, Catherine & Portier, Philippe (dir.), 2014. *La métamorphose du prince: politique et culture dans l'espace occidental.* Rennes, Presses universitaires de Rennes.

Commission Stasi, 2004. *Laïcité et République.* Paris, La Documentation française.

Conseil d'État, 2004. *Un siècle de laïcité.* Paris, La Documentation française.

Cornec, Jean, 1965. *Laïcité.* Paris, Société universitaire d'éditions et de librairie.

Debray, Régis, 1990. « La laïcité, une exception française ? », in H. Bost (dir.), *Genèse et enjeux de la laïcité.* Genève, Labor et Fides : 199-208.

—, 2002. *L'enseignement du fait religieux à l'école laïque.* Paris, Odile Jacob.

Delphy, Christine, 2010. *Un universalisme si particulier, Féminisme et exception française (1980-2010).* Paris, Syllepse.

Dieckhoff, Alain, 2002. *La Nation dans tous ses États, Les identités nationales en mouvement.* Paris, Flammarion.

Ducomte, Jean-Michel, 2012. *Laïcité, Laïcités(s) ?* Toulouse, Éditions Privat.

Durkheim, Émile, 2008 [1912]. *Les formes élémentaires de la vie religieuse*, réédition. Paris, Presses universitaires de France.

El Mountacir, Hayat, 2005. *Guide pratique de la laïcité.* Paris, Ligue de l'enseignement.

Évêques de France, 2012 [1996]. *Proposer la foi dans la société actuelle, Lettre aux catholiques de France*, réédition. Paris, Cerf.

Foessel, Michaël, 2014. « Apocalypse et consolation », *Esprit*, 405 : 64-74.

Gaillard, Jean-Michel, 1989. *Jules Ferry.* Paris, Fayard.

Gaspard, Françoise & Khosrokhavar, Farhad, 1995. *Le foulard et la République.* Paris, La Découverte.

GAUCHET, Marcel, 1985. *Le désenchantement du monde.* Paris, Gallimard.

GAUTHIER, Guy, 1985. *La laïcité en miroir.* Paris, Édilig.

GAUTHIER, Guy & NICOLET, Claude, 1987. *La laïcité en mémoire.* Paris, Édilig.

GIDDENS, Antony, 1994. *Les conséquences de la modernité.* Paris, L'Harmattan.

HAMDI-CHERIF, Hafid, 2014. « Retour du religieux ou « recours » au religieux ? Laïcité et religion à l'épreuve du politique », in D. Verba et F. Guelamine, *Interventions sociales et faits religieux.* Rennes, Presses de l'École des hautes études en santé publique : 17-34.

HAUT CONSEIL À L'INTÉGRATION, 2007. *Charte de la laïcité dans les services publics et autres avis.* Paris, La Documentation française.

HAZARD, Paul, 2006 [1935]. *La pensée européenne au* XVIIIe siècle, réédition. Paris, Hachette.

HENNETTE-VAUCHEZ, Stéphanie & VALENTIN, Vincent, 2014. *L'affaire Baby Loup ou la nouvelle laïcité.* Nanterre, LGDJ Lextenso éditions.

HERRGOTT, Jean-Claude, 2012. « Le droit local d'Alsace-Moselle. Particularisme alsacien et universalisme républicain », Note du 15 juin.

IHL, Olivier, 1996. *La fête républicaine.* Paris, Gallimard.

KINTZLER, Catherine, 2014. *Penser la laïcité.* Paris, Minerve.

KORSIA, Haïm, 2005. « Une laïcité intelligente », in J. Baubérot et M. Wieviorka (dir.), *De la séparation des Églises et de l'État à l'avenir de la laïcité.* La Tour d'Aigues, Éditions de L'Aube : 188-195.

KYMLICKA, Will, 2007. « Tester les limites du multiculturalisme libéral ? », *Éthique publique*, vol. 9, n° 1 : 27-39.

LA LIGUE, 2005. *Laïcité, nous écrivons ton nom…* Paris, Ligue de l'enseignement.

—, 2012. *La laïcité pour « faire société »*. Paris, Ligue de l'enseignement.

Lalouette, Jacqueline, 1995. « Libre pensée et anticléricalisme », in J.-Y. Mollier et P. Ory (dir.), *Pierre Larousse et son temps*. Paris, Larousse : 283-300.

—, 2005. *La séparation des Églises et de l'État, Genèse et développement d'une idée (1789-1905)*. Paris, Seuil.

Larkin, Maurice, 2004. *L'Église et l'État en France, 1905 : la crise de la séparation*. Toulouse, Éditions Privat.

Lazar, Philippe, 2003. *Autrement dit laïque*. Paris, Liana Levi.

Lazerges, Christine, 2014. « Culture pour tout le monde ! ». *Regards croisés*, 10 : 10-12.

Lecourt, Robert, 1978. *Entre l'Église et l'État, Concorde sans Concordat (1952-1957)*. Paris, Hachette.

Lequin, Yves (dir.), 1994. *Histoire de la laïcité*. Besançon, CRDP de Franche-Comté.

Leroy-Beaulieu, Anatole, 1902. *Les doctrines de la haine : l'antisémitisme, l'antiprotestantisme, l'anticléricalisme*. Paris, Calmann-Lévy.

Liogier, Raphaël, 2012. *Souci de soi, conscience du monde. Vers une religion globale ?* Paris, Armand Colin.

Martin, Jean-Paul, 2014. « Laïcité belge, laïcité française : deux usages d'une même notion », in J. Baubérot, M. Milot et P. Portier (dir.), *Laïcité, laïcités. Reconfigurations et nouveaux défis*. Paris, Éditions de la Maison des sciences de l'homme : 55-69.

Martin, Xavier, 2014. *Naissance du sous-homme au cœur des Lumières. Les races, les femmes, le peuple*. Paris, Éditions Dominique Martin Morin.

Mayeur, Jean-Marie, 2005 [1966]. *La séparation des Églises et de l'État*, réédition. Paris, Éditions de l'Atelier.

Miaille, Michel, 2014. *La laïcité : problèmes d'hier, solutions d'aujourd'hui*. Paris, Dalloz

Milner, Jean-Claude, 1984. *De l'école*. Paris, Seuil.

Milot, Micheline, 2002. *Laïcité dans le nouveau monde. Le cas du Québec*. Turnhout, Brepols.

Mission d'information parlementaire, 2010. *Voile intégral : le refus de la République*. Paris, Assemblée nationale.

Morineau, Michel, 2014. « Un grand pas en avant des musulmans de France », *Diasporiques*, 26 : 34-41.

Nicolet, Claude, 1982. *L'idée républicaine en France*. Paris, Gallimard.

Moro, Marie-Rose *et alii*, 2014. « Une laïcité concrète et apaisée au service des patients à l'hôpital », in D. Verba et F. Guelamine (dir.), *Interventions sociales et faits religieux*. Rennes, Presses de l'École des hautes études en santé publique : 145-155.

Onfray, Michel, 2005. *Traité d'athéologie*. Paris, Grasset.

Picq, Jean, 2014. *La liberté de religion dans la République, L'esprit de laïcité*. Paris, Odile Jacob.

Portier, Philippe, 2015. *L'État et la religion en France. Pour une sociologie historique de la laïcité*, à paraître. Rennes, Presses Universitaires de Rennes.

Poulat, Émile, 1987. *Liberté, laïcité. La guerre des deux France et le principe de la modernité*. Paris, Éditions du Cerf/Éditions Cujas.

Poulat, Émile & Gelbard, Maurice, 2010. *Scruter la loi de 1905 : la République française et la Religion*. Paris, Fayard.

Prélot, Pierre-Henry, 2011. « Les signes religieux et la loi de 1905. Essai d'interprétation de la loi portant interdiction de la dissimulation du visage dans l'espace public à la lumière du droit français des activités religieuses », *Société, droit et religion*, 2 : 25-46.

—, 2014. « La laïcité comme droit que la Constitution garantit (commentaire de la décision Laïcité du Conseil constitutionnel du 21 février 2013) », *Revue du droit local alsacien-mosellan*, 71 : 19-27.

Quillardet, Jean-Michel, 2011. « Qui menace la laïcité ? », in M. Cerf et M. Horwitz (dir.), *Dictionnaire de la laïcité*. Paris, Armand Colin : 13-18.

Robert, Jacques, 1990. « La notion juridique de laïcité et sa valeur constitutionnelle », in H. Bost (dir.), *Genèse et enjeux de la laïcité, Christianismes et laïcité*. Genève, Labor et Fides : 89-103.

Rolland, Patrice, 2013. « La séparation comme forme de régulation juridique de la pluralité religieuse », in P. Bourdeaux, P. Hoffman et N. Hông Duong (dir.), *Pluralisme religieux : une comparaison franco-vietnamienne*. Turnhout, Brepols : 253-267.

Rousseau, Jean-Jacques, 2011 [1762]. *Du contrat social*. Paris, Flammarion.

Schnapper, Dominique, 1999. *Le piège de la parité, Arguments pour un débat*. Paris, Hachette.

Scot, Jean-Paul, 2005. « *L'État chez lui, l'Église chez elle* », *Comprendre la loi de 1905*. Paris, Seuil.

Séguéla, Matthieu, 2014. *Clemenceau ou la tentation du Japon*. Paris, CNRS Éditions.

Seelig, Michel, 2014. http://blogs.mediapart.fr/blog/michel-seelig.

Simone, Raffaele, 2010. *Le monstre doux, L'Occident vire-t-il à droite ?* Paris, Gallimard.

Sirinelli, Jean-François, 2007. *Les Vingt Décisives. Le passé proche de notre avenir, 1965-1985*. Paris, Fayard.

Sirinelli, Jean-François (dir.), 2014. *La France qui vient, Regards américains sur les mutations hexagonales*. Paris, CNRS Éditions.

Stovall, Tyler, 2014. « Entre espoir et désespoir : la France contemporaine et sa banlieue », in J.-F. Sirinelli (dir.), *La France qui vient. Regards américains sur les mutations hexagonales*. Paris, CNRS Éditions : 49-75.

Tevanian, Pierre, 2013. *La haine de la religion, Comment l'athéisme est devenu l'opium du peuple de gauche*. Paris, La Découverte.

Tournemire, Pierre, 2000. *La Ligue de l'enseignement*. Évreux, Éditions Milan.

Vogler, Bernard, 2001. « Traumatisme politique et vitalité spirituelle des protestants alsaciens aux xixe et xxe siècles », in P. Wolff (dir.), *Les protestants en France. 1800-2000*. Toulouse, Éditions Privat : 169-201.

Weber, Max, 1965. *Essais sur la théorie de la science*. Paris, Plon.

— 2003 [1905]. *L'éthique protestante et l'esprit du capitalisme*, réédition. Paris, Gallimard.

Wieviorka, Michel, 2012. *Le Front national. Entre extrémisme, populisme et démocratie*. Paris, Éditions de la Maison des sciences de l'homme.

Willaime, Jean-Paul, 2008. *Le retour du religieux dans la sphère publique. Vers une laïcité de reconnaissance et de dialogue*. Lyon, Olivétan.

Woehrling, Jean-Marie, 2004. « État et religion en Europe. Les systèmes de reconnaissance », *Revue de droit canonique*, 54.

Zuber, Valentine, 2014. *Le culte des droits de l'homme*. Paris, Gallimard.

Aux Éditions de la Maison des sciences de l'homme

Collection Le (bien) commun

dirigée par Laëtitia Atlani-Duault, Jean-Pierre Dozon et Laurent Vidal

Aujourd'hui, le (bien) commun s'élabore de plus en plus en dehors du cadre de l'État-Nation et se trouve souvent tiraillé entre, d'un côté, la production de normes à vocation universelle et parfois concurrentes et, de l'autre, une fragmentation de mondes sociaux qui revendiquent leurs particularismes et redessinent les visages de l'altérité. Cette collection rassemble des études et essais en sciences sociales (anthropologie, sociologie, économie, sciences politiques, démographie, géographie, etc.) qui s'attachent, sur des terrains multiples, à décrypter cette tension. S'adressant tout à la fois au grand public, aux universitaires et aux chercheurs, ces ouvrages, fondés sur des enquêtes approfondies, offrent ainsi des analyses critiques sur les mécanismes, les logiques et les enjeux contemporains des constructions du (bien) commun.

Parus

Fanny Chabrol, *Prendre soin de sa population. L'exception botswanaise face au sida*, 2014.
Au début des années 2000 le Botswana est le pays du monde qui connaît le plus haut niveau de séroprévalence du VIH. Dans ce pays qualifié d'exception en Afrique, pour son développement économique et son régime démocratique, la politique d'accès aux médicaments est érigée en modèle de prise en charge de la maladie par les instances internationales.

Sonia Rocha, *Allocations sociales et pauvreté au Brésil. Le bon combat ?*, 2014.
Le Brésil occupe de plus en plus d'importance sur la scène internationale suite aux grands changements socio-économiques dont la réduction significative de la pauvreté et de l'inégalité des revenus. L'ouvrage présente la mise en place et l'évolution des différents programmes d'allocations sociales, la Bourse-Famille étant la plus connue.

Paula Vasquez, *Le chavisme. Un militarisme compassionnel*, 2014.
Ce travail est une histoire du « chavisme » et constitue une lecture sociale, anthropologique et politique des vingt-cinq dernières années de l'histoire vénézuélienne.

Collection 54

dirigée par Michel Wieviorka

La collection « 54 » est un lieu de publication pour des auteurs des monographies dans les différentes disciplines des sciences humaines et sociales. Elle offre une place aux ouvrages qui se distinguent par leur traitement, leur originalité, leur regard au sein du catalogue Éditions de la Maison des sciences de l'homme.

Parus

Anne Gotman, *Ce que la religion fait aux gens. Sociologie des croyances intimes*, 2013.
À partir d'une série d'études de cas relatant comment les gens font la religion et ce que la religion leur fait, l'ouvrage donne à voir les relations qu'entretiennent les fidèles avec leur religion.

Manuel Castells, *Communication et pouvoir*, 2013 (Préface de Alain Touraine; traduit par Margaret Rigaud Drayton).
« Ce que je veux vous raconter ici, c'est une histoire sur le pouvoir : l'histoire du pouvoir dans le monde où nous vivons. Et ça, c'est ma façon à moi de défier le pouvoir en place : la seule dont je dispose vraiment, c'est de révéler sa présence au cœur même de nos processus cognitifs. » Ou encore : « Le pouvoir repose sur le contrôle de la communication, et le contrepouvoir sur sa capacité à déjouer ce contrôle ».

Nicolas Ellison, *Semé sans compter. Appréhension de l'environnement et statut de l'économie en pays totonaque (Sierra de Puebla, Mexique)*, 2013.
Quelle est la réception, l'adoption et l'adaptation de nouvelles pratiques économiques dans un système de savoirs amérindiens menacé par les logiques de colonisation marchande du monde ?

Sara Iglesias. *Musicologie et Occupation. Science, musique et politique dans la France des « années noires »*, 2014.
Alors que la musique sous l'Occupation est entrée, depuis une quinzaine d'années, dans le focus des chercheurs, les « années noires » de la musicologie demeurent encore largement inexplorées.

André Stanguennec, *L'humanisation de la nature. Les épreuves de l'univers*, 2014.
Ce livre complète les analyses phénoménologiques de l'ouvrage *Les horreurs du monde* qui concernait essentiellement l'univers « humain » sous son aspect affectif, esthétique et historique. Il s'agit ici de l'univers « naturel » envisagé sous l'aspect des transformations tant pratiques que théoriques que l'homme lui a fait subir.

Jean Baubérot, Micheline Milot, Philippe Portier (sous la direction de), *Laïcité, laïcités. Reconfigurations et nouveaux défis*, 2014.
Depuis le tournant du XXIe siècle, des événements importants ont confirmé la place centrale de la laïcité dans le débat social et politique de nombreux pays relevant d'aires culturelles diverses.

À paraître

Michel Wieviorka, Laurent Lévi-Strauss, Gwenaelle Lieppe (sous la direction de), *Penser global. Actes du colloque international organisé pour le 50e anniversaire de la FMSH, Paris 15-17 mai 2013*, 2015.

Sylvie Gangloff, *Boire en Turquie. Pratiques et représentations de l'alcool*, 2015.

Jean-Daniel Rainhorn, Samira El Boudamoussi (eds), *New cannibal Markets. Globalisation and Commodification of the human Body*, 2015.

Jean-René Garcia, Denis Rolland, Patrice Vermeren (sous la direction), *Les Amériques, des constitutions aux démocraties. Philosophie du droit des Amériques*, 2015.

Jean-Pierre Dozon, *Afriques en présences*, 2015.

Achevé d'imprimer en novembre 2016
sur les presses de la Nouvelle Imprimerie Laballery – 58500 Clamecy
Dépôt légal : mars 2015 – N° d'impression : 611043

Imprimé en France

La Nouvelle Imprimerie Laballery est titulaire de la marque Imprim'Vert®